Provérbios do Mercado

Uma Bússola do Navegador de Vendas para a Maestria no Sucesso do Cliente© Através da Sabedoria dos Provérbios

Ernie Lansford

Coach/Mentor Certificado: Equipe de Liderança John Maxwell

Jon Kluiter

Um Devocional de 31 Dias com Aplicações Práticas

Provérbios do Mercado

Marketplace Proverbs
Sales Navigator's Compass to Customer Success Mastery© Through The Wisdom of Proverbs

Business Development Concepts, LLC

All rights reserved. No portion of this book may be reproduced, stored in a retrieval system, or transmitted in any form or by any means—electronic, mechanical, photocopy, recording, or any other—without the publisher's prior written permission, except for brief quotations in printed reviews.

Published in Indian Harbour Beach, FL, by
Business Development Concepts, LLC.
274 Eau Gallie Blvd. Ste 310
Indian Harbour Beach, FL 32937
(657) 215-1321

Business Development Concepts, LLC books, on-site seminars, and Lunch 'N Learns may be purchased or scheduled for educational, business, fundraising, or sales promotional purposes. For information, please email
ernie@ernielansford.coach or Jon@vmcpros.com.

Scripture quotations marked New King James Version (NKJV), Copyright 1979, 1980, 1982, 1992, 2005, by Thomas Nelson, Inc. Used by permission. All rights reserved.

Scripture quotations marked MSG are taken from The Message Copyright © 1993, 1994, 1995, 1996, 2000, 2001, 2002 by Eugene H. Peterson.

Scripture quotations marked CEV are taken from Contemporary English Version Copyright © 1993, 1994, 1995, 1996, 2000, 2001, 2002

Scripture quotations marked CSB are taken from the Christian Standard Bible Copyright © 1993, 1994, 1995, 1996, 2000, 2001, 2002

Scripture quotations marked NIV are taken from New International Version Copyright © 1993, 1994, 1995, 1996, 2000, 2001, 2002

IBSN ISBN: 9798343568134

Provérbios do Mercado

Ernie Lansford --------------------------------- 1
Jon Kluiter -------------------------------------- 1
Prefácio --- 6
Comentários Iniciais de Ernie -------------- 7
Comentários Iniciais de Jon -------------- 12
Provérbios 1 --------------------------------- 19
Provérbios 2 --------------------------------- 23
Provérbios 3 --------------------------------- 26
Provérbios 4 --------------------------------- 29
Provérbios 5 --------------------------------- 34
Provérbios 6 --------------------------------- 39
Provérbios 7 --------------------------------- 43
Provérbios 8 --------------------------------- 46
Provérbios 9 --------------------------------- 51
Provérbios 10 -------------------------------- 56
Provérbios 11 -------------------------------- 60
Provérbios 12 -------------------------------- 63

Provérbios 13 --------- 68
Provérbios 14 --------- 73
Provérbios 15 --------- 77
Provérbios 16 --------- 80
Provérbios 17 --------- 84
Provérbios 18 --------- 88
Provérbios 19 --------- 92
Provérbios 20 --------- 96
Provérbios 21 --------- 99
Provérbios 22 --------- 105
Provérbios 23 --------- 109
Provérbios 24 --------- 113
Provérbios 25 --------- 117
Provérbios 26 --------- 120
Provérbios 27 --------- 127
Provérbios 28 --------- 131
Provérbios 29 --------- 134

Provérbios 30 --------------------------------139

Provérbios 31 --------------------------------143

O que o Espírito Santo está te dizendo? 148

Você está sob convicção? ---------------154

Comentários Finais----------------------157

Prefácio

Por que Deus diria tão fervorosamente ao Seu povo para buscar sabedoria?

Citando Jack W. Hayford: *"A sabedoria é uma percepção holística da verdadeira natureza das coisas. É uma capacidade dada por Deus de discernir o certo e o errado, causa e efeito. É a habilidade de separar fato de ficção, verdade de engano. É a habilidade de aplicar o conhecimento de maneira mais eficaz*

A sabedoria não é uma habilidade profunda conferida aos mais velhos, nem é algo que o conhecimento intelectual sozinho pode trazer, embora isso faça parte da sabedoria. Somente Deus pode iluminar a sabedoria dentro de nossos espíritos, corações e mentes. Somente através Dele podemos aprender a apropriar ou aplicar o conhecimento de forma adequada. Nosso desejo deve ser ganhar sabedoria em cada encontro com a vida. Seja na provação ou no sucesso, na alegria ou na tristeza, a sabedoria nos espera.

Comentários Iniciais de Ernie

Há muitos anos, eu leio um capítulo de Provérbios que corresponde ao dia do mês. Cada vez que leio e estudo, encontro novas pérolas que me ajudam a crescer em conhecimento e a aprofundar minha sabedoria, tornando-me uma pessoa e um profissional de negócios melhor. Eu estudo liderança há décadas. Continuo estudando John C. Maxwell, Peter Drucker, Patrick Lencioni, W. Clement Stone, Norman Vincent Peale, Zig Ziglar e John Wooden, entre muitos outros. Investi tempo e recursos financeiros para obter uma certificação de coach/mentor como parte da Equipe de Liderança John Maxwell. Minha abordagem de liderança não é baseada em fórmulas; eu não ofereço chaves, segredos, atalhos ou degraus. Eu ofereço abordagens baseadas em princípios, centradas em Provérbios, aprendidas através da experiência, do estudo das Escrituras e de conversas com líderes sábios que estão alguns quilômetros à minha frente na nossa jornada de liderança em comum.

Provérbios do Mercado

Por quase seis décadas, desfrutei de uma carreira como profissional de vendas. Cresci de um balconista de vendas em 1965, trabalhando em uma loja de música, até me tornar Vice-Presidente de Vendas Globais para grandes empresas de áudio profissional, com centenas de milhões de dólares em vendas anuais. Aprendi há muitos anos que, quando vendia apenas para fechar uma venda, o que chamo de 'mentalidade de transação,' eu ganhava muito pouco em termos de construção de relacionamento com meus clientes. Tudo o que eu ganhava, além da comissão, era uma transação e o direito de 'tocar o sino,' por assim dizer. Eu era forçado a caçar a próxima transação para sobreviver. Quando compreendi o conceito de adicionar significado aos meus clientes, comecei a prosperar e a crescer em relacionamentos e sabedoria. Ler e estudar Provérbios me proporcionou insights e entendimento inestimáveis sobre como servir melhor aos meus clientes. Os relacionamentos nasceram quando comecei a servi-los de maneira altruísta, ajudando-os a crescer, prosperar e se desenvolver. Quando me dediquei a desenvolver e cultivar relacionamentos profundos, que eventualmente chamei de

Provérbios do Mercado

"Celebrados," as transações me perseguiram. Assim, alcancei o status de Maestria no Sucesso do Cliente

Então, o que é a Maestria no Sucesso do Cliente (MSC)? Um MSC tem a mentalidade, o desejo, o compromisso e a capacidade de ajudar os clientes (todos que encontramos são clientes diretos, indiretos, atuais ou prováveis) a chegarem aonde eles (os clientes) querem ou precisam ir de maneira mais rápida e eficiente do que conseguiriam sem a ajuda e orientação do MSC. Um MSC guiado pelo Espírito Santo pode ser descrito como alguém chamado e equipado com talentos, caráter e traços de personalidade para ser um canal das bênçãos de Deus para os outros no mercado. Esta definição/descrição é mais do que uma simples declaração; é um estilo de vida, um compromisso de ver o cliente através de um sistema de crenças de mordomo-servo — uma visão de responsabilidades para servir através de uma Lente Bíblica. A aplicação diária de Provérbios nos ajuda a fazer isso.

As palavras de Salomão: "Eu fui um sábio professor com muito entendimento, e colecionei vários provérbios que estudei com

cuidado. Depois, tentei explicar essas coisas da melhor e mais precisa maneira possível. Palavras de sabedoria são como o cajado que um fazendeiro usa para fazer os animais andarem. Esses ensinamentos vêm de um pastor, como pregos que mantêm as coisas firmes. Meu filho, eu te advirto a evitar qualquer outro tipo de ensinamento além destes. Não há fim para os livros, e muito estudo te deixará cansado. Tudo o que te foi ensinado pode ser resumido em poucas palavras: Respeite e obedeça a Deus! Isso é o que a vida significa. Deus julgará tudo o que fazemos, até mesmo o que é feito em segredo, seja bom ou mau."
Eclesiastes 12:9-14 NTLH.

Em outras palavras:

1– Ame a Deus com todo o nosso coração.

2– Ame o próximo como a si mesmo, o que significa servir aos outros com uma mentalidade de mordomia e fazer negócios com todos de uma maneira mais extraordinária do que esperamos deles.

3– Faça a diferença, agregando significado e valor. Saia de cada interação deixando a outra pessoa sentindo e sabendo que foi beneficiad

Jon e eu não somos conselheiros sábios ou teólogos que se acham superiores. Somos apenas dois pecadores salvos pela graça que cometeram muitos erros nos negócios (e ainda cometemos). Somos como dois mendigos cegos tentando mostrar o caminho para outros mendigos cegos. Escrevemos com o coração, baseados em nossa experiência. Suponho que estamos escrevendo para nossas versões mais jovens. Não estamos aqui para impressionar você. Estamos aqui para expressar um conceito simples: faça o que recomendamos, em vez de repetir o que fizemos.

Assim diz o Senhor: "Que o sábio não se orgulhe de sua sabedoria, nem o forte de sua força, nem o rico de sua riqueza. Mas quem se orgulhar, orgulhe-se disto: em me conhecer e saber que eu sou o Senhor, e que ajo com lealdade, com justiça e com retidão sobre a terra, pois é dessas coisas que me agrado", declara o Senhor
Jeremias 9:23-24 (NVI)

Provérbios do Mercado

Comentários Iniciais de Jon

Assim como o Ernie, eu também tenho um histórico em vendas. Nos últimos 25 anos, fui gerente de território exclusivo, fui promovido a gerente de metade da força de vendas de uma empresa bem estabelecida, fui gerente nacional de vendas, diretor de vendas, vice-presidente, e também fui dono e desenvolvi um negócio de varejo multimilionário. Ao longo desse caminho, falhei. Falhei em lembrar quem estava no comando. Falhei em lembrar de priorizar minha esposa e filhos; falhei ao ser insubordinado com aqueles que tinham posições superiores a mim, com meus funcionários e clientes, e, acima de tudo, falhei em ser sal e luz para aqueles ao meu redor.

No entanto, apesar de todos os meus fracassos, Deus é fiel. Eu testemunhei a Sua mão em minha vida tantas vezes que, em alguns momentos, poderia até não parecer crível, se eu não tivesse visto diretamente.

Como cheguei até aqui, escrevendo isto, começa em julho de 2019. Eu tinha acabado de esgotar minha estadia como Vice-

Presidente dos EUA da maior marca de capacetes de moto do mundo. Para minha surpresa, fui convidado a encontrar uma nova oportunidade. Apesar de ter sido o melhor ano da empresa até aquele ponto, fui informado de que meu cargo havia sido eliminado e não havia mais lugar para mim. Meus subordinados diretos estavam assumindo minhas responsabilidades. Minha filha mais velha estava a poucos dias de começar o primeiro ano da faculdade, e eu fiquei chocado. Sentei-me à minha mesa por alguns minutos, liguei para minha esposa e contei a ela o que havia acontecido. Foi como se eu soubesse, naquele momento, o que Deus havia planejado para mim. Eu iria me humilhar e voltar para a estrada, nas vendas de território face a face.

Anos antes, Deus me incentivou a ser mais aberto em minha fé. O problema era que eu precisava ser obediente. Eu perseguia coisas, dinheiro, reconhecimento como alguém influente e títulos. Nunca rejeitei minha fé, mas era seletivo nas situações em que a compartilhava. É fácil falar abertamente sobre Jesus com pessoas que acreditam. É fácil pregar para o coro. Eu lutava para viver minha fé.

Então, naquele dia no final de julho, foi como se um canal direto para o meu coração e mente me dissesse o que fazer. Eu nunca questionei. Eu estava totalmente comprometido. Meu objetivo era impactar as pessoas de forma positiva. Além desse chamado, o Espírito Santo me inspirou a criar um canal para conectar pessoas de carreira com a mesma mentalidade, que pudessem fazer networking, compartilhar a missão, ajudar no desenvolvimento espiritual, evangelizar e nos ajudar a manter a responsabilidade uns com os outros.

Em dezembro daquele ano, tive o que alguns chamariam de um encontro por acaso com Ernie. Eu sei que foi uma intervenção divina e preordenada. Entrei em uma loja varejista em potencial em Wichita, Kansas. Vi uma linha de produtos na loja que eu nunca tinha ouvido falar. Fiz algumas perguntas, e antes que eu percebesse, o dono da loja passou 10 minutos me vendendo a empresa. Anotei algumas informações e liguei para o escritório corporativo na Califórnia quando cheguei em casa, às 18h30 CST naquela sexta-feira. Apresentei-me, expliquei o que fazia e por que estava ligando, e a pessoa ao telefone transferiu minha ligação... sem que eu soubesse, para as montanhas da Geórgia. Pelos próximos 90 minutos, falamos sobre a vida, fé e nosso chamado. (Acho que até falamos um pouco sobre a linha de produtos) LOL.

Comecei a me sentir mal quando percebi que estava falando com alguém que estava uma hora à minha frente, já no fim de semana. Nós nos tornamos instantaneamente velhos amigos. Ao longo dos últimos dois anos, o Espírito Santo continuou a trabalhar em nós, à medida que percebíamos que estávamos em um curso de colisão em nossa obediência, vendo nosso trabalho como nosso campo missionário.

Por favor, leia este livro como uma carta aberta sobre meus fracassos passados e alguns acertos. A Deus seja a glória. Suas mãos estão por toda parte. Nem sempre vi isso, já que gosto de dirigir o carro. No entanto, através das lições das quais fiz parte e das que testemunhei de longe, acredito que este livro é preordenado.

Espero que te abençoe. Já vi um adesivo de carro engraçado que dizia: "Se Deus pode usar um jumento na Bíblia para fazer um ponto, há esperança para mim." Eu sou a prova viva disso.

Nosso conceito tem como objetivo ajudá-lo a prosperar e ter sucesso, aumentando seus negócios, vendas, margens e lucros por meio do estudo e aplicação de Provérbios em suas atividades empresariais diárias. Nosso comentário acompanha cada versículo com base na experiência e conhecimento adquiridos através de vendas e serviços prestados a outros, daí o nosso subtítulo, Uma Bússola do Navegador de Vendas para a Maestria no Sucesso do Cliente© Através da Sabedoria dos Provérbios. Podemos usar ferramentas que medem nosso desempenho e conquistas no mercado. Como uma bússola de navegador, podemos usar vários KPIs, mas não podemos medir os propósitos de uma vida centrada no Evangelho e guiada pelo Espírito Santo; ela é influente e infinita. Nosso objetivo é que nossos leitores se tornem Mestres no Sucesso do Cliente Guiados pelo Espírito

Santo, para influenciar outros no mercado para o Reino de Deus na Terra, como no Céu. Quando influenciamos o mercado para Deus, influenciamos o mundo.

Este livro aplica conceitos, ideias e possíveis recomendações para ajudá-lo a 'captar' e incorporar um estilo de vida 'centrado em relacionamento de líder-mordomo', em vez de uma mentalidade centrada em transações. Ao longo dos anos, aprendemos que 'captar' um conceito é mais profundo e duradouro do que ser ensinado um conceito.

Obrigado por se juntar a nós. Nosso desejo e oração é adicionar livros em edições mensais, eventualmente oferecendo 12 meses de Provérbios para negócios. Se for da vontade do Senhor, também enviaremos um vídeo diário de 5 minutos por e-mail ou mensagem de texto. Mas, por enquanto, esta edição é nosso primeiro passo.

Recomendamos o aplicativo Bíblia YouVersion para consulta das escrituras. Faça o download abaixo selecionando o sistema operacional do seu dispositivo. É grátis!

Provérbios do Mercado

Provérbios 1

Propósito e tema
1Provérbios de Salomão, filho de Davi, rei de Israel.
2Eles ajudarão a adquirir a sabedoria e a instrução;
a compreender as palavras que dão entendimento;
3a receber a instrução para proceder com sensatez,
fazendo a justiça, o juízo e a retidão;
4ajudarão a dar prudência aos ingênuos
e conhecimento e bom senso aos jovens.
5Ouça o sábio e aumente o seu saber,
e quem tem discernimento obterá orientação
6para compreender provérbios e parábolas,
os ditados dos sábios e os seus enigmas.

7O temor do Senhor é o princípio do conhecimento,
mas os insensatos desprezam a sabedoria e a instrução..
Provérbios 1:1-7

Observação de Ernie

O rei Salomão escreveu a maior parte do Livro de Provérbios. Esses ditados foram feitos para servir como orientações, não como leis. Assim como qualquer orientação, cabe ao leitor decidir se vai segui-las ou não.

Provérbios é um excelente guia para negócios, marketing e planejamento prévio de reuniões. O versículo 7, na tradução A Mensagem, traz um ensinamento importante: "Comece com Deus—o primeiro passo para aprender é se render a Deus; só os tolos desprezam essa sabedoria e aprendizado."

Começar com Deus é o melhor conselho que posso dar a qualquer pessoa. Comece com Deus. É simples. Comece com Deus! Depois da minha leitura, estudo e oração pela manhã, na maioria das vezes, inicio o dia de trabalho com a oração de Salomão, que está em 1 Reis 3:9

"Ó Deus, aqui está o que eu desejo: Dá-me um coração que ouve a Tua voz, para liderar bem o Teu povo, discernindo entre o bem e o mal. Pois quem, por si só, é capaz de guiar este Teu povo tão glorioso?"-MSG

Pense nisso! Jesus nos instrui em Mateus 6:11, na versão Almeida Revista e Atualizada:

"Dá-nos hoje o pão nosso de cada dia." Note a ênfase em hoje. Ele não disse amanhã, na próxima semana ou no final do ano. Além disso, minha interpretação vai além do pão como alimento. Na minha visão, o pão pode significar necessidades pessoais e profissionais, que proporcionam os recursos para comprar comida. Perceba: Ele não pediu por um excelente trimestre de vendas. Ele pediu o pão de cada dia. Então, vamos fazer isso. Vamos orar por sabedoria diária para liderar e guiar os outros filhos de Deus, nossos clientes diretos, construindo relacionamentos profundos e significativos. Já disse muitas vezes e continuarei dizendo: relacionamentos profundos e significativos geram transações frequentes e sólidas. Vamos ser sábios na vida e nos negócios, um dia de cada vez.

Pontos de Ação:

1.-Crie um caderno de trabalho simples, em papel ou digital, com páginas para cada dia.

Dê o título de Lista T.A.P. (Tarefas Anunciadas e Prioritárias) com pontos de destaque. Ou use este código QR para acessar o documento interativo T.A.P. que criei no Google Drive. Clique nos três pontos no canto superior direito para selecionar a opção de download. Sinta-se à vontade para baixar e imprimir uma página para cada dia. Eu sei que é uma tecnologia do século 20, mas isso vai te ajudar a criar o hábito de fazer sua lista T.A.P.

2.-Liste as pessoas com quem você planeja criar novos relacionamentos ou fortalecer os já existentes hoje.

    A. Como subitem, defina como você irá agregar valor para cada pessoa da lista

3.—Ore sobre a lista, apresentando-a a Deus, pedindo que Ele guie seus passos pelo Espírito Santo, conforme Provérbios 16 na versão NTLH: "Nós, seres humanos, fazemos planos, mas quem dá a última palavra é Deus. Pode ser que achemos que tudo o que fazemos é certo, mas quem julga as nossas intenções é o Senhor. Confie ao Senhor tudo o que você faz, e os seus planos serão bem-sucedidos."

Provérbios 2

*O bom senso o guardará,
e o discernimento o protegerá.
Provérbios 2:11 NVI*

Observação de Jon

Um versículo com profunda sabedoria. A discrição o protegerá. No início da minha carreira, eu era como um jogador de barco a vapor disfarçado de empresário. Eu tinha muita confiança em mim mesmo. Ao lidar com um fornecedor, muitas vezes tinha medo de perder uma oportunidade, o famoso "FOMO" (medo de ficar de fora). Se eu tivesse a oportunidade de comprar em grandes quantidades e aumentar a margem de lucro, eu sempre aceitava, geralmente em uma conta aberta, o que significava que eu precisava encontrar dinheiro para pagar depois

Essa falta de discrição muitas vezes levava a descontos prematuros no ponto de venda, tornando meu desconto inicial nulo e sem efeito, porque eu precisava levantar capital para pagar

pelo estoque. Isso criava um ciclo vicioso em que meu negócio ficaria preso por anos.
Os fornecedores sabiam que eu aceitaria a oferta deles. Então, tínhamos que correr para conseguir o dinheiro. (repetir o ciclo)

A falta de discrição criou uma corrida frenética para comprar. A falta de entendimento do processo gerou uma situação que me forçava a tomar decisões precipitadas e acabava revertendo a alavancagem de margem na direção oposta

Vejo muitos paralelos entre minha vida empresarial inicial e minha vida de fé. Assim como na minha vida empresarial, às vezes eu me jogava de cabeça no buraco da toca, na minha fome de ser focado no reino, apenas para acabar preso no processo. Isso muitas vezes me deixava apenas tentando completar as tarefas associadas ao crescimento de um relacionamento mais profundo com o Pai, em vez de desacelerar e entender que o processo e as tarefas eram os objetivos. Eles criavam um relacionamento mais profundo. Eu perdi completamente o ponto. Eu precisava de mais entendimento.

Provérbios do Mercado

Pontos de Ação:

1.—Como sua vida empresarial se compara à sua vida espiritual?

2.—Quais práticas você deve ajustar para desenvolver discrição e entendimento em sua caminhada diária com o Senhor?

Oremos—Deus, obrigado pelos tropeços. Obrigado pelos momentos em nossas vidas em que nos faltou entendimento e Tu nos ofereceste uma nova perspectiva. Por favor, ajuda-nos a ver isso como oportunidades de crescimento que precisamos para nos harmonizar mais profundamente Contigo. Obrigado pelo campo missionário que colocaste em nossas vidas. Ajuda-nos a reconhecê-los quando surgirem e a nos lembrar de que os outros observam e se lembram. Ajuda-nos a saber que somos responsáveis por sermos modelos espirituais positivos para aqueles ao nosso redor. Amém.

Provérbios 3

*"Meu filho, não despreze a disciplina do Senhor
nem se magoe com a sua repreensão,
pois o Senhor disciplina a quem ama,
assim como o pai faz ao filho de quem deseja o bem."*
Provérbios 3:11-12

Observação de Jon

Vejo esses versículos como um retrato do início da minha vida profissional. Eu trabalhava em tempo integral para uma loja de varejo de televisores, eletrodomésticos e eletrônicos na pequena cidade universitária onde eu morava. Eu era o funcionário mais jovem; a maioria dos outros empregados tinha o dobro ou quase o triplo da minha idade. Olhando para trás, esse pode ter sido o melhor emprego que tive trabalhando para outra pessoa.

O dono do negócio me orientou. Ele era um empresário cristão em uma pequena cidade universitária. O dono usava o coração na manga. Ele tinha uma grande variedade de funcionários. Isso me permitiu (aos 18 anos) testemunhar de perto como um líder empresarial cristão lidava com o pessoal. (Mencionei que ele tinha um temperamento curto? LOL)

Dois funcionários mais velhos sabiam como provocar o dono e, frequentemente, faziam questão de irritá-lo intencionalmente. Em contraste, ele me mostrava uma graça incrível. Embora fosse firme e, às vezes, um pouco ríspido, eu recebia suas repreensões como uma correção de rumo, destinada a ser uma oportunidade de crescimento e aprendizado. Ele mostrava que me valorizava ao me corrigir. Nesses momentos, ele me apresentou ao conceito de tocar algo apenas uma vez. Ele estava investindo em mim e me preparando para lidar com uma carga de trabalho enorme e mais responsabilidade. Aprendi muitas lições valiosas nesse trabalho (que mantive durante os quatro anos da faculdade). Suas repreensões mostravam que ele me valorizava e queria que eu me superasse e melhorasse.

Pontos de Ação:

1.-- Você tem algum exemplo específico de quando alguém em posição de liderança o disciplinou?
2.-- Isso foi recebido como uma repreensão ou com amor?

Compare e contraste as duas abordagens

Oração

Pai Celestial, obrigado por nos amar o suficiente para nos ajudar a corrigir nosso caminho através de uma disciplina amorosa. Em nossos papéis profissionais, por favor, guie-nos a usar esse exemplo para mostrar uma correção de rumo amorosa, e não uma repreensão rancorosa. Em nome de Jesus, eu oro. Amém.

Provérbios 4

"A vereda do justo é como a luz da alvorada, que brilha cada vez mais até a plena claridade do dia. Mas o caminho dos ímpios é como densas trevas; nem sequer sabem em que tropeçam."
Provérbios 4:18-19

Observação de Jon

Ao selecionar esta passagem para o devocional de hoje, quase segui a ideia comum de simplesmente fazer o que é certo e ser recompensado. No entanto, todos sabemos que escolher o caminho certo nem sempre leva a recompensas imediatas aos olhos do mundo. Muitos de nós já vivemos situações em que a desonestidade ou o comportamento antiético não foram punidos, e fazer o que é certo não resultou em nenhum ganho material.

Em vez disso, ao usar esses versículos em harmonia com algumas experiências, podemos todos nos identificar com o que é prudente. Enfrentamos situações de negócios em que podemos cair na mentalidade de relacionamento transacional. Às vezes, fazer a coisa certa ou iralém para um cliente parece uma perda de tempo. No entanto, como meu bom amigo e coautor Ernie Lansford diz: "O mercado é o campo missionário mais fértil do planeta Terra."

Refletir sobre a afirmação de Ernie provoca uma mudança de paradigma em nossas vidas diárias. Isso nos obriga a ver os clientes como filhos de Deus, ou, como diz o Rabino Daniel Lapin, "outros filhos de Deus, nossos irmãos espirituais." Isso nos força a ver os clientes atuais e potenciais como pessoas, e não como pagamentos de carro. Quando enxergamos a palavra "justo" como parte de quem somos, permanecemos centrados e evitamos tropeçar no caminho dos "ímpios."

Abordar esses dois versículos com essa mentalidade traz vários benefícios para nós:

1.— Passamos a ver os clientes de maneira diferente.

2.— Nos importamos com o bem-estar deles.

3. — Nos permite focar nas necessidades deles, e não nas nossas.
4. — Começamos a enxergar nossos relacionamentos com os clientes como de longo prazo.

5. — Dormimos melhor à noite, sabendo que estamos centrados em Cristo e focados em fazer o que é certo para nossos clientes.

No Novo Testamento, Paulo destaca frequentemente a importância das boas obras como expressão de fé e resposta à graça de Deus. Em Efésios 2:10, ele afirma que fomos criados para fazer boas obras, preparadas por Deus para nós. Em Tito 3:8, Paulo encoraja os crentes a dedicarem-se às boas obras, enfatizando que são proveitosas para todos. Em Gálatas 6:9-10, ele fala sobre a importância de perseverar no bem, reforçando que devemos fazer o bem a todos, especialmente aos da família da fé.

Esses versículos mostram que Paulo considera as boas obras como uma expressão essencial da fé genuína e uma maneira de refletir o amor de Deus aos outros. Para Paulo, as boas obras são uma resposta natural e

necessária à graça de Deus, não uma forma de ganhar a salvação, mas uma maneira de glorificar a Deus e servir aos outros.
Acredito que o que Paulo diz aqui está completamente alinhado com o que Salomão diz em Provérbios 4:18-19.

Se focarmos em construir relacionamentos semelhantes a Cristo, o negócio, assim como as obras mencionadas em Tito, será um subproduto. No entanto, se não tivermos Cristo como o centro de nosso foco, estaremos completamente distraídos e preocupados com as coisas do mund

Pontos de Ação

Quem, em sua vida profissional diária, você vê como um relacionamento transacional?

Tente ver esse cliente de um ponto de vista justo. Foque em desenvolver um relacionamento mais profundo com esse cliente.

Oremos: Pai Celestial, obrigado pelos muitos relacionamentos de negócios que desfrutamos. Obrigado por nos permitir discernir os diferentes tipos de relacionamentos que desenvolvemos e identificá-los. Por favor, nos dê a capacidade e a humildade para estabelecer esses relacionamentos além do estágio transacional e nos conceda um foco constante voltado para o reino. Amém

Provérbios 5

"Meu filho, dê atenção à minha sabedoria, incline os ouvidos para perceber o meu discernimento. Assim você manterá o bom senso, e os seus lábios guardarão o conheciment"
Provérbios 5:1-2

Observação de Ernie

Salomão alertou seu filho sobre os perigos do adultério e os problemas que surgem ao se envolver em um relacionamento com uma mulher fora do casamento. O adultério quebra os votos e compromissos feitos com o cônjuge. As pessoas geralmente assumem que o adultério se resume ao sexo, o que costuma ser o caso. No entanto, a realidade é que o adultério também pode significar a quebra de um compromisso—mesmo sem o ato físico—e isso pode acontecer também no ambiente de trabalho.

Quando priorizamos os negócios em vez de Deus, estamos quebrando nosso compromisso de colocar Deus em primeiro lugar em nossas vidas pessoais e profissionais. Nesse sentido, estamos cometendo adultério. E, quando colocamos o trabalho acima de nossa família, violamos nosso compromisso de guiar e cuidar dela. É fácil justificar isso dizendo: "Preciso trabalhar duro para sustentar minha família." Mas, na minha opinião, essa é apenas uma desculpa, e eu sei disso porque já fui culpado desse tipo de adultério.

Minha família não queria as coisas brilhantes que eu comprava para compensar minha ausência—eles queriam a mim. Todos nós já vimos líderes de destaque que caíram no adultério sexual e perderam tudo, incluindo suas famílias. Mas, muitas vezes, essa forma não sexual de adultério começa com o excesso de trabalho—ficando até tarde no escritório ou trazendo trabalho para casa e negligenciando a família, mesmo quando estamos na mesma sala.

O adultério sem sexo também acontece no ambiente de trabalho. Comprometemo-nos com nossos empregadores a agregar valor e contribuir, mas "trapaceamos" ao fazer pausas longas, usar recursos da empresa para tarefas pessoais ou rolar pelas redes sociais durante o horário de trabalho. Não estamos honrando o compromisso que assumimos com nosso empregador.

Esse tipo de adultério não sexual também aparece em negociações comerciais. Quando compartilhamos questões confidenciais de um cliente com outro cliente—especialmente se forem concorrentes—estamos quebrando a confiança. Essa é outra forma de adultério, na minha opinião.

No final das contas, o adultério não é apenas sobre sexo. É sobre quebrar um compromisso ou voto com alguém; nenhum ato físico é necessário. Podemos nos orgulhar de sermos fiéis aos nossos votos matrimoniais por não termos um caso, mas somos igualmente culpados de adultério quando colocamos nosso trabalho, ministério ou hobbies acima de Deus e da família. Isso também é uma forma de adultério—e não podemos esconder isso de Deus. "*Pois os olhos do Senhor estão atentos sobre toda a terra para fortalecer aqueles que lhe dedicam totalmente o coração. Nisso você cometeu uma loucura. De agora em diante terá que enfrentar guerras*". 2 Chronicles 16:9

Aqui está um acróstico para comprometimento. Quando você sentir que seu compromisso está diminuindo, revise as escrituras associadas a cada letra. Cada versículo está hiperlinkado no aplicativo YouVersion (veja o código QR na introdução para baixar o aplicativo gratuitamente).

C–Comprometa-se (Salmo 143:10)
O–Um dia de cada vez (Filipenses 1:6)
M–Reserve tempo para se renovar (Salmo 51:7-11)
M–Faça uma lista de ações (Lucas 6:31)
I–Integridade (Hebreus 1:9, Provérbios 10:9)
T–Confiança (Provérbios 3:5-8)
M–Moralidade (2 Timóteo 2:15-16)
E–Alivie a dor (Salmo 32:1-5)
N–Nova Vida (2 Coríntios 5:16-20)
T–Entregue nossas falhas a Deus (Tiago 4:7-10)

Ó Senhor Deus, santificado seja o Teu nome. Tu sabes que eu cometi adultério não sexual com negócios e hobbies. Sei que, por Tua misericórdia e graça através de Jesus, estou perdoado. Por favor, Espírito Santo, mantenha-me no Teu caminho de justiça. Amém.

Pontos de Ação

1.-- Por que você faz o que faz?

2.-- Você vive para trabalhar ou trabalha para viver e sustentar sua família?

3.-- Para quem você trabalha, para Deus ou para os homens?

4.-- Onde e como você tem cometido adultério de compromisso?

5.-- Qual é o seu caminho para o arrependimento (arrepender-se significa ter uma mudança de mente e coração)?

Provérbios 6

Há seis coisas que o Senhor odeia,
sete coisas que ele detesta:
olhos altivos, língua mentirosa,
mãos que derramam sangue inocente,
coração que traça planos perversos,
pés que se apressam para fazer o mal,
a testemunha falsa que espalha mentiras
e aquele que provoca discórdia entre irmãos.
Provérbios 6:16-19

Observação de Ernie

A definição que a maioria das pessoas tem dos vendedores é muito parecida com os versículos 16-19. Pense sobre essa afirmação! Não tenho nenhuma pesquisa para apoiar essa declaração, apenas 58 anos de experiência. Provérbios 6 nos adverte sobre as armadilhas e ciladas do mundo. A Maestria no Sucesso do Cliente (MSC) exige, entre muitas qualidades, o oposto dos comportamentos descritos nos versículos 16-19. Vendedores que alcançam MSC são como os anciãos da igreja que Pedro descreveu em sua carta aos crentes que haviam caído no 'mundo,' por assim dizer. Eles foram enredados e aprisionados pelo ambiente ao redor (os descrentes). Independentemente das nossas circunstâncias, não pertencemos ao mundo, conforme o ensinamento de Jesus: *Se vocês pertencessem ao mundo, ele os amaria como se fossem dele. Todavia, vocês não são do mundo, mas eu os escolhi, tirando-os do mundo; por isso o mundo os odeia.* John 15:19 NIV

Pedro nos diz "*Meu filho, obedeça às minhas palavras e no íntimo guarde os meus mandamentos. Obedeça aos meus mandamentos, e você terá vida; guarde os meus ensinos como a menina dos seus olhos. Amarre-os aos dedos; escreva-os na tábua do seu coração. Diga à sabedoria: "Você é minha irmã", e chame ao entendimento seu parente.*" 1 Pedro 5:1-4

Pedro nos apresenta quatro maneiras, entre muitas outras, para nos tornarmos Mestres no Sucesso do Cliente Comprometidos com Cristo:

Provérbios do Mercado

1.—Pastor — Guiar, direcionar e cuidar do nosso rebanho. Nosso rebanho é nossa equipe, organização e clientes. Cuide deles.

2.—Conselheiro/coach — Invista no rebanho, compartilhando ideias de desenvolvimento de negócios para ajudá-los a crescer, prosperar e ter sucesso.

3.—Mordomo — Todos nós recebemos a responsabilidade de uma lista de contas, equipe, marca e organização. Devemos dar ao dono um retorno sobre o investimento que ele fez em nós.

4.—Exemplo — O melhor sermão já pregado é a vida que vivemos. A vida que as pessoas veem dia após dia. Devemos pregar o evangelho com nosso exemplo, sem precisar de uma única palavra.

Ó Senhor Deus, Tu sabes quantas vezes dei exemplo daquilo que Tu desprezas nos versículos 16-19. Sei que fui perdoado quando aceitei Tua salvação, quando Te entregaste na cruz e derrotaste a morte em meu lugar. Sou devedor da Tua misericórdia, ó Deus. Oro para que o Teu Espírito Santo me guie a cada minuto, para evitar aquilo que Tu desprezas nos versículos 16-19, seguindo o exemplo de Pedro em 1 Pedro 5:1-11. Em Teu nome santíssimo e sagrado, eu oro—amém.

Pontos de Ação

Na seção Notas abaixo, liste as pessoas ou projetos sob sua liderança.

Escreva como aplicar os quatro exemplos acima para o todo e para cada item da lista

Provérbios 7

Por onde começamos com o Capítulo 7? Todos os versículos levam a um tema único: homens, evitem ser seduzidos por uma mulher devassa. Vamos examinar a palavra devassa:

Adjetivo — a. de uma ação cruel e violenta, deliberada e não provocada. Um exemplo é vandalismo devasso. b. mulher sexualmente imodesta ou promíscua. c. crescendo profusamente; exuberante, animada, brincalhona.

Substantivo — Uma mulher sexualmente imodesta ou promíscua.

Verbo — Brincar; divertir-se, comportar-se de maneira sexualmente imodesta ou promíscua

Observação de Ernie

Então, como isso se aplica ao ministério no mercado? Simples: evite a aparência de negócios promíscuos. Os negócios são sérios, mas ao mesmo tempo devem ser agradáveis. Manipular preços, procedimentos e processos para garantir uma transação é semelhante a exibir um comportamento devasso. Fazer um "acordo" com novos ou temporários clientes, fora dos preços estabelecidos para clientes leais e comprometidos, é como adultério.

No mercado B2B2C, um produtor seleciona revendedores que valorizam o produto. Revendedores excelentes são catalisadores que agregam um tremendo serviço ao cliente antes e depois da venda, criando um alto valor percebido para o produto, serviço ou marca. O impulso (sell-through) se consolida. Todos, do designer ao usuário final, desfrutam dos benefícios de um excelente relacionamento por associação. Esse impulso atrai a atenção de "black ops" (meu termo) ou revendedores indesejáveis. Esses revendedores seduzem o produtor com enormes pedidos de compra, oferecem dinheiro em troca de preços muito baixos e oferecem pouco ou nenhum suporte ao usuário/cliente final. Eles não são pioneiros em novas marcas, conceitos ou campanhas para expandir a participação no mercado. Apenas distribuem marcas/produtos já estabelecidos. Permitir que nós e nossa organização sejamos seduzidos pela aparência de um comportamento promíscuo por parte desses revendedores é como estar com uma prostituta. Evite isso!

Ó Senhor Deus, santificado seja o Teu nome. Por favor, mantenha-me longe da tentação de fazer um acordo por adoração ao dinheiro. Tua palavra me diz que o amor ao dinheiro é a raiz de todo mal. Espírito Santo, por favor, convence-me quando eu tentar amar o dinheiro mais do que agregar significado aos meus clientes e amar a Deus. Amém.

Pontos de Ação

1.—Examine sua lista de clientes.

2.—Identifique a aparência de comportamento promíscuo nas interações comerciais deles com você ou com o mercado em geral.

3.—Como você responderá à sedução deles

Provérbios 8

*"Ouçam-me agora, meus filhos:
Como são felizes os que guardam os meus caminhos!Ouçam a minha instrução e serão sábios. Não a desprezem. Como é feliz o homem que me ouve, vigiando diariamente à minha porta, esperando junto às portas da minha casa.
Pois todo aquele que me encontra, encontra a vida e recebe o favor do Senhor. Mas aquele que de mim se afasta, a si mesmo se agride; todos os que me odeiam amam a morte."*
Provérbios 8:32-36 NIV

Observação de Ernie

Quão simples pode ser a instrução de Deus? Siga a Deus, busque Sua sabedoria, bênçãos e unção em tudo o que fizer. Eu costumava pensar que Deus era um ser distante. Sabia que era salvo, mas sentia que Ele estava longe até que fui batizado no Espírito Santo. Pedi desculpas a Deus por meus sentimentos ou por vê-Lo como distante. E, como se Ele estivesse sentado ao meu lado, uma voz veio à minha mente claramente dizendo: "Eu não estou distante; você é que tem sido resistente." Pedi desculpas por minha resistência e me arrependi.

Deus, Jesus e o Espírito Santo querem falar diretamente com você através dessa simples instrução para buscar sabedoria neles, nos versículos 32-36. Meu amigo Bob Beaudine escreveu o best-seller intitulado 2 Chairs. Bob diz para conversar com Deus como se Ele estivesse sentado na cadeira ao lado de você no seu escritório, biblioteca ou carro. Nada elaborado ou religioso, apenas uma conversa entre velhos amigos, um conselheiro de confiança, pai, coach/mentor. Sou mais feliz quando começo minhas manhãs pronto para a palavra de Deus e conversando com Ele, como Bob sugere. Meu dia flui suavemente.

Deus, Jesus e o Espírito Santo querem falar diretamente com você através dessa simples instrução para buscar sabedoria neles, nos versículos 32-36. Meu amigo Bob Beaudine escreveu o best-seller intitulado 2 Chairs. Bob diz para conversar com Deus como se Ele estivesse sentado na cadeira ao lado de você no seu escritório, biblioteca ou carro. Nada elaborado ou religioso, apenas uma conversa entre velhos amigos, um conselheiro de confiança, pai, coach/mentor. Sou mais feliz quando começo minhas manhãs pronto para a palavra de Deus e conversando com Ele, como Bob sugere. Meu dia flui suavemente

Deus usou Moisés em Deuteronômio 28:1-14 para chamar nossa atenção sobre viver para Ele:

"Se vocês obedecerem fielmente ao Senhor, o seu Deus, e seguirem cuidadosamente todos os seus mandamentos que hoje dou a vocês, o Senhor, o seu Deus, os colocará muito acima de todas as nações da terra. Todas estas bênçãos virão sobre vocês e os acompanharão se vocês obedecerem ao Senhor, o seu Deus: "Vocês serão abençoados na cidade e serão abençoados no campo. Os filhos do seu ventre serão abençoados, como também as colheitas da sua terra e os bezerros e os cordeiros dos seus rebanhos. A sua cesta e a sua amassadeira serão abençoadas. Vocês serão abençoados em tudo o que fizerem. "O Senhor concederá que sejam derrotados diante de vocês os inimigos que os atacarem. Virão a vocês por um

caminho e por sete fugirão. "O Senhor enviará bênçãos aos seus celeiros e a tudo o que as suas mãos fizerem. O Senhor, o seu Deus, os abençoará na terra que dá a vocês. "O Senhor fará de vocês o seu povo santo, conforme prometeu sob juramento se obedecerem aos mandamentos do Senhor, o seu Deus, e andarem nos caminhos dele. Então todos os povos da terra verão que vocês pertencem ao Senhor e terão medo de vocês. O Senhor concederá grande prosperidade a vocês, no fruto do seu ventre, nas crias dos seus animais e nas colheitas da sua terra, nesta terra que ele jurou aos seus antepassados que daria a vocês.

"O Senhor abrirá o céu, o depósito do seu tesouro, para enviar chuva à sua terra no devido tempo e para abençoar todo o trabalho das suas mãos. Vocês emprestarão a muitas nações e de nenhuma tomarão emprestado. O Senhor fará de vocês a cabeça das nações e não a cauda. Se obedecerem aos mandamentos do Senhor, o seu Deus, que hoje dou a vocês e os seguirem cuidadosamente, vocês estarão sempre por cima, nunca por baixo. Não se desviem, nem para a direita nem para a esquerda, de qualquer dos mandamentos que hoje dou a

vocês, para seguir outros deuses e prestar-lhes culto.
Deuteronmio 28:1-14

O que mais podemos dizer além de confiar e obedecer às instruções de Deus?

Oh, Pai Celestial, obrigado por nos enviar a Tua Palavra. Ela é simples e fácil de seguir quando confiamos e obedecemos a Ti. Amar-Te acima de tudo e fazer negócios com Teus outros filhos de uma maneira mais extraordinária do que esperamos em troca. Obrigado pelo Teu amor, bênçãos, unção, misericórdia e graça, pois é através de Ti, Jesus, que encontramos a Ti. Amém.

Pontos de Ação

1.—Compre o livro <u>2 Chairs</u>, de Bob Beaudine, usando o código QR abaixo (NÃO é um link de afiliado)

Provérbios 9

" Instrua o homem sábio, e ele será ainda mais sábio; ensine o homem justo, e ele aumentará o seu saber."
Provérbios 9:9 NIV

Observação de Jon

NNos últimos 25 anos, tive a oportunidade de contratar e demitir várias pessoas. Algumas saíram com uma atitude negativa, e outras foram almoçar e nunca mais voltaram.

Algo que sempre me esforcei para fazer foi encontrar alguém que fosse receptivo e aberto a aprender. Eles estariam dispostos a ouvir? Aplicariam de maneira prática o que aprenderam nas situações em que se encontravam?

Embora nem sempre tivesse sucesso, esse objetivo sempre foi meu ponto de referência..

Quando li a passagem de hoje, me senti totalmente conectado a ela. Fiquei com uma compreensão nova e clara. Se o nosso objetivo é alcançar a maestria no sucesso do cliente guiada pelo Espírito, então a passagem de hoje é um dos princípios fundamentais que devemos usar para fortalecer essa base.

Precisamos identificar os sábios e compartilhar o que pudermos. Frequentemente, esqueço que sou apenas o vaso. Muitas vezes, fico tão envolvido analisando minhas próprias estatísticas que *Provérbios 16:8 "acabo me achando melhor do que realmente sou. É melhor ter pouco com retidão do que muito com injustiça."*

Embora nossas situações sejam únicas, o ponto em comum é que todos temos contato com pessoas a quem podemos abençoar e com aqueles que nos abençoam.

Em um determinado momento da minha carreira, fui co-proprietário de um negócio de varejo de sucesso no nosso mercado. Interagíamos diariamente com pessoas que queriam nos vender produtos e serviços.

Olhando para trás, gostaria que mais pessoas com quem interagi tivessem nos visto como clientes a quem poderiam transmitir sabedoria.

Provérbios do Mercado

Muitas vezes, nossos fornecedores nos viam apenas como o cheque da comissão. (Eu também já fui bastante culpado disso.) Caímos em uma armadilha quando focamos na transação em vez do relacionamento. Se não temos a visão para perceber como essas situações se desenvolvem, criamos armadilhas que prejudicam os relacionamentos. Que tipo de armadilhas? Ver um cliente como um cheque de comissão é uma abordagem comercial complexa e de curto prazo. Isso quase sempre acaba em ressentimento. No final, a oportunidade seca e se encerra se o relacionamento não for forte o suficiente.

Trabalhamos com um fornecedor em quem investimos uma quantidade enorme de recursos. Fomos uma das maiores contas para eles por mais de dois anos. Infelizmente, uma decisão de curto prazo resultou em uma mudança de direção nos negócios devido a uma inverdade. Descobrir que essa inverdade era uma mentira fraturou o relacionamento comercial além do reparo, e em dois anos estávamos gastando zero com esse forneced

Tristemente, no início, víamos essa empresa e o proprietário como íntegros. Esperávamos que eles fizessem a coisa certa. Por um tempo, o proprietário nos transmitiu sabedoria. Infelizmente, uma mentira desfez toda essa boa vontade. Por um período, esse foi um fornecedor extremamente importante. No entanto, a temporada mudou.

É imperativo que, ao identificarmos os justos, também nos comportemos com justiça.

Vamos Orar – Deus, obrigado por essas oportunidades de sabedoria. Obrigado pelas bênçãos que essas pessoas trazem às nossas vidas. Por favor, ajude-nos a identificar e respeitar essas oportunidades. Ajude-nos a não abusar delas nem negligenciá-las. Agradeço pela Tua graça, pois, não importa o quanto as estraguemos, ainda assim Tu nos amas. Por favor, ajude-nos a identificar e renovar essas oportunidades quando falharmos. Em nome de Jesus, eu oro. Amém.

Provérbios do Mercado

Pontos de Ação

*1.—Pense na última década da sua vida profissional.*_____
_____

*2.—Identifique três pessoas que lhe transmitiram sabedoria.*_____
_____
_____

3.—Onde elas estão agora em sua vida?
_____
_____
_____

4.—Identifique três pessoas para as quais você transmitiu sabedoria.
_____
_____
_____

5.—Onde elas estão agora em sua vida?
_____
_____
_____

Provérbios 10

*Aquele que faz a colheita no verão é filho sensato,
mas aquele que dorme durante a ceifa é filho que causa vergonha.
Provérbios 10:5 NIV*

Observação de Jon

Venho de uma grande família mista. Quando eu era criança, uma das minhas irmãs desaparecia sempre que chegava a hora das tarefas diárias. Isso acontecia com tanta frequência que virou uma piada na família, e mesmo agora, mais de 30 anos depois, ainda falamos sobre isso e rimos. Até na minha casa, uma das minhas filhas ganhou seu apelido por causa das táticas de fuga da tia quando chegava a hora de esvaziar a lava-louças, descarregar o carro depois de uma ida ao supermercado, etc.

Como empregador, também conheci esse tipo de comportamento. É algo bem real. O desafio é manter o foco do funcionário que trabalha duro enquanto tentamos orientar o funcionário que "dorme."

Como fazemos isso? Como não permitir que a frustração entre no relacionamento? A natureza humana diz que o funcionário que trabalha duro irá diminuir seu desempenho se o mau comportamento for tolerado. Todo ambiente de trabalho lida com essa situação de "puxar e empurrar." Mesmo quando todos os funcionários fazem sua parte de forma adequada, essas situações aparecem.

Já falhei várias vezes em controlar essas narrativas na minha carreira.

É por causa dessa falha que ofereço isto: Vocês ouviram o que foi dito:

"Vocês ouviram o que foi dito: 'Ame o seu próximo e odeie o seu inimigo'. Mas eu digo: Amem os seus inimigos e orem por aqueles que os perseguem, para que vocês venham a ser filhos de seu Pai que está nos céus. Porque ele faz raiar o seu sol sobre maus e bons e derrama chuva sobre justos e injustos. Se vocês amarem aqueles que os amam, que recompensa vocês receberão? Até os publicanos fazem isso! E, se saudarem

apenas os seus irmãos, o que estarão fazendo de mais? Até os pagãos fazem isso!" Mateus 5:43-47

Essencialmente, o que vemos aqui é uma mudança de paradigma. Embora devamos fazer todo o possível para amar o funcionário, a carga de trabalho para um funcionário preguiçoso deve se tornar um componente transacional do relacionamento. Se ele não fizer sua parte, devem ser definidas ações de melhoria de desempenho. Existe um componente mensurável no desempenho do funcionário. Se os indicadores de desempenho chave não forem atendidos, é necessário corrigir o curso. Lembre-se de que seus funcionários dedicados estão prestando atenção. Não responsabilizar um funcionário preguiçoso fará com que os funcionários que trabalham duro tomem nota e, por sua vez, relaxem ou fiquem ressentidos com você. Você deve a todos na organização a responsabilidade de cobrar resultados de todos, incluindo você mesmo. Falhamos em nosso papel de liderança quando não nos responsabilizamos. Deus nos dá muitos exemplos em Sua palavra sobre liderança "preguiçosa."

Provérbios do Mercado

Pontos de Ação

Pense nos funcionários/colegas de equipe com quem você trabalhou ou gerenciou e que poderiam se enquadrar na classificação de "preguiçoso":

1.—Qual o "tema comum" evidente neles?

_____
_____
_____
_____

2.—Jim Rohn disse uma vez: "Nos tornamos a média das cinco pessoas com quem mais convivemos." Se a citação de Rohn é válida, como os que são percebidos como "preguiçosos" impactaram a organização?

_____
_____
_____
_____

3.—O que você fez a respeito disso?

_____
_____
_____

Provérbios 11

Sem diretrizes a nação cai;
o que a salva é ter muitos conselheiros..
Provérbios 11:4 NIV

Observação de Ernie

Independentemente da tradução, nossa orientação é muito clara. Busque conselhos sábios de pessoas justas. Ser justo significa ter um comportamento que agrada a Deus. Ser ímpio significa um comportamento que não agrada a Deus. Quer estejamos liderando uma equipe de uma pessoa (nós mesmos) ou uma organização de milhares, não sabemos tudo. Precisamos de conselhos divinos. Devemos buscar sabedoria em Deus quando e conforme necessário, o que é o TEMPO TODO. Deus usa Seus outros filhos para nos transmitir conhecimento. Obviamente através de Sua palavra, mas também através de pessoas justas que Ele traz até nós. Muitas vezes oro: "Oh Senhor Deus, por favor, leve-me até as pessoas que precisam de mim e traga até mim aqueles de quem preciso." Não podemos fazer isso sozinhos, mesmo que achemos que conseguimos.

Escolher um conselheiro justo não é uma tarefa fácil. Requer oração e discernimento. Eles podem nos desviar do caminho se não formos cuidadosos. Devemos escolher bem, usando discernimento, a quem pedir conselhos. Na Maxwell Leadership Bible, versão NKJV de Thomas Nelson, John Maxwell sugere o seguinte:

1. —Pessoas criativas.
2. —Pessoas leais.
3. —Pessoas que compartilham sua visão.
4. —Pessoas sábias e inteligentes.
5. —Pessoas com dons complementares.
6. —Pessoas com influência.
7. —Pessoas de fé.
8. —Pessoas de integridade.

Uma lista de verificação simples e com bom senso para encontrar seu poço de sabedo.

Oh Senhor, santificado seja o Teu nome. Por favor, concede-me a sabedoria para liderar as pessoas gloriosas que confiaste a mim. Dá-me sabedoria conforme necessário e quando necessário. Por favor, dá-me o discernimento para reconhecer que as pessoas de quem busco conselhos Te agradam. Amém.

Pontos de Ação

1.—Liste cinco pessoas que você sente que poderiam ser conselheiros para você.

_____
_____
_____
_____
_____
_____

2.—Liste os oito atributos por número ao lado de cada nome, se aplicável.

3.—A pessoa com mais desses oito atributos é sua escolha óbvia.

4.—Ore por toda a lista, pedindo discernimento.

5.—Busque um encontro com a pessoa escolhida para pedir que ela o aconselhe/oriente/treine.

Provérbios 12

*As mãos diligentes governarão,
mas os preguiçosos acabarão escravos.
Provérbios 12:24 NIV*

Observação de Jon
Fui apresentado a um novo funcionário durante uma visita recente a um cliente. O novo funcionário estava trabalhando meio período no depósito. Ele era amigável e ansioso para conversar comigo, enquanto estava no horário de trabalho de seu empregador.

Preciso descrever a cena aqui. Cerca de um ano antes, minha primeira experiência com esse novo funcionário foi quando, no meio do dia, durante uma visita de rotina a um cliente, puxei a maçaneta da porta e percebi que estava trancada. Este negócio ficava a cerca de onze quilômetros a sudoeste do cliente que eu estava visitando.

Descobri que o banco havia lacrado o local e confiscado todo o estoque. Aquela bela loja não era mais um negócio viável; estava sendo executada.

Na época, eu não estava fazendo negócios com o cliente. Eles estavam em uma lista de prospecção para uma nova marca que eu estava representando. Como sempre acontece, os concorrentes falam. Eles querem saber por que uma empresa de repente fecha as portas. Sempre têm a sua versão dos fatos. Tentar não ser fofoqueiro é difícil nessas situações. Quando representantes de vendas de campo lidam com pequenas empresas que têm toda a sua vida no negócio, eles querem saber tudo o que podem sobre sucessos e fracassos.

A história mais consistente era que o proprietário estava ausente a maior parte do tempo. Ele precisava ser mais presente e envolvido no dia a dia. Infelizmente, isso significava que os funcionários reproduziam o comportamento que viam. Alguns deles estavam ausentes sem motivo ou aprovação também.

Só quando o cliente atual que eu estava visitando me apresentou ao novo funcionário de meio período percebi que ele era o ex-proprietário da empresa executada. Após o fracasso de seu negócio, ele voltou para cursar uma pós-graduação, mas não gostava da área em que trabalharia. Então, ele retornou a um canal de negócios onde sabia os horários que queria. Minha observação é que velhos hábitos são difíceis de abandonar. Ele voltou aos seus antigos modos de ausência. Desde então, foi substituído.

Embora as estatísticas mostrem que a maioria das pequenas empresas fracassa, por quê? Sempre há fatores determinantes. Alguns estão fora do nosso controle, como pandemias, crises econômicas, falta de financiamento, etc.

A verdade é que a participação e o compromisso de um proprietário também podem contribuir significativamente para o sucesso ou fracasso de uma empresa.

As palavras de Salomão falam alto aqui. Embora o trabalho árduo não seja o único fator que contribui para o sucesso de um negócio, ele é o pilar central que mantém tudo unido.

Proprietários que não têm o "fogo na barriga" acabarão trabalhando para outra pessoa.

Como este devocional se concentra em nos aproximar do Pai, é fácil esquecer o verdadeiro propósito do nosso trabalho. Nosso trabalho é ser seguidores de Cristo. Devemos ser sal e luz para aqueles com quem interagimos diariamente. Se esse não for o nosso foco, nosso negócio, trabalho e ministério podem se tornar escravos.

Pontos de Ação

1.—Como este versículo te impacta?
2.—Houve momentos na sua vida em que seus hábitos de trabalho impactaram negativamente o seu trabalho?
3.—Nosso trabalho diário é real; nosso objetivo é ser discípulos de Cristo. O negócio que fazemos é um subproduto.

Deus, obrigado pelo trabalho que o fértil campo missionário nos proporciona e pelas lições que aprendemos ao longo do caminho. Ajude-nos a focar na visão geral em nosso trabalho, refletindo o Senhor para os outros.

Por favor, ajude-nos a enxergar essas oportunidades quando surgirem e nos dê coragem e confiança para sermos Teus instrumentos. Amém

Provérbios 13

"Quem guarda a sua boca guarda a sua vida, mas quem fala demais acaba se arruinando."
Provérbios 13:3 NIV

Observação de Ernie

Com que frequência os vendedores expõem ideias, conceitos e palavras sem pensar? Você já considerou o número de apresentações que já estão "mortas" antes mesmo de começarem devido ao planejamento ruim, à entrega falha e à falta de compreensão dos benefícios que o receptor aproveitaria? O versículo 3 nos leva a Isaías 51:15-16: *Pois eu sou o Senhor, o seu Deus, que agito o mar para que suas ondas rujam;*
Senhor dos Exércitos é o meu nome. Pus minhas palavras em sua boca e o cobri com a sombra da minha mão, eu, que pus os céus no lugar,
que lancei os alicerces da terra e que digo a Sião: Você é o meu povo."

Quando oramos por orientação para agregar significado e valor ao servir nossos clientes, as palavras que usamos virão. Deus, por meio do Seu Espírito Santo, as fornecerá conforme necessário. Isso confirma nosso tema recorrente de viver para agregar significado por meio de relacionamentos positivos que eventualmente influenciam as pessoas a se envolverem em transações. Quando criamos apresentações ou "discursos de vendas" que se concentram apenas em fechar a venda (transações), faremos algumas, mas estaremos sempre perseguindo transações. A tecnologia do século XXI, como a IA, oferece uma plataforma para redatores criarem frases de efeito ou palavras-chave que induzem os leitores a comprar. Recentemente, li sobre um evangelista que foi abordado por uma empresa que ajuda a arrecadar fundos para um público-alvo específico. A empresa tinha testemunhos de outros evangelistas e igrejas que usaram seus serviços. A empresa se gabava de conhecer as palavras e frases que induzem o "público-alvo" a responder favoravelmente. O evangelista disse que não estava interessado nos serviços deles porque não faziam nada para agregar valor significativo aos leitores do mailing. Era transacional, e ele não sentia que as palavras eram inspiradas por Deus.

Podemos usar palavras, frases e ideias para manipular transações ou para aprofundar relacionamentos. Este último nos traz de volta ao versículo 3: *"Quem guarda a sua boca guarda a sua vida, mas quem fala demais acaba se arruinando."*

Mestres em Sucesso do Cliente Centrado no Evangelho oram e buscam a sabedoria de Deus para servir aos outros por meio de nossas palavras, vendas e marketing para pessoas em particular. Meu amigo Ron Price, autor da série Play Nice in Your Sandbox (Em Casa, No Trabalho, Na Igreja), me disse que orava pela ideia por trás de cada livro. Sempre que se envolvia em uma sessão de escrita, ele pedia ao Espírito Santo que escrevesse, e ele, Ron, digitava. Adotei o mesmo conceito ao escrever este livro e ao preparar apresentações de produtos para clientes.

Oh, Senhor Deus, tua palavra é infalível. É a verdade que permanece para sempre. Por favor, coloca as tuas palavras em minha mente, boca e mãos enquanto digito. Que tuas palavras agreguem valor aos outros filhos que trouxeste ao meu caminho, em nome de Jesus.

Provérbios do Mercado

Pontos de Ação

Ao criar apresentações, faça o seguinte:

1.-- Ore pedindo a sabedoria e as palavras de Deus para escrever/falar.

2.-- O que você está apresentando?

3.-- O que isso faz?

4.-- Para quem é? (Pense no cliente do seu cliente)

5.-- Por que eles querem ou precisam disso?
    A. Características
    B. Vantagens
    C. Benefícios
    D. Como isso ajuda a agregar significado esfera de influência deles?

6.-- O que acompanha o produto?
    A. Acessórios
    B. Instalação
    C. Serviço
    D. Etc.

7.-- Método preferido de aquisição dos clientes
   A. Vendas diretas
   B. Distribuição
   C. E-commerce

8.-- Potenciais barreiras para criar um relacionamento com os clientes.
   A. Concorrência
   B. Preços
   C. Financiamento
   D. Etc.

Provérbios 14

"O homem paciente dá prova de grande entendimento, mas o precipitado revela insensatez."
Provérbios 14:29 NIV

Observação de Jon

Quando eu era um estudante universitário de 19 anos no início dos anos 90, trabalhava em dois empregos e estudava em tempo integral.

Eu entregava pizzas e trabalhava na cozinha da Pizza Hut local. Como mencionado anteriormente, tive a sorte de conseguir um emprego em uma pequena loja de eletrodomésticos e eletrônicos na mesma cidade universitária. Nesses empregos, aprendi mais para me preparar para a vida e para uma carreira do que na própria escola.

À medida que minhas horas na loja de eletrônicos aumentavam, fui forçado a reduzir minhas horas no restaurante.

Provérbios do Mercado

Eu compartilhava meus horários para garantir que estaria disponível para trabalhar em meus turnos. Minhas datas de bloqueio eram bem definidas. No entanto, o restaurante me escalou para um turno que eu já havia planejado com o outro emprego.

Eu era transparente e comunicativo. Disse ao gerente que não poderia e, portanto, não estaria lá.

Quando fui trabalhar no dia seguinte, fui demitido cerca de uma hora depois do início do turno. Tentei sair em bons termos; é aqui que a história reflete a passagem de hoje.

Embora eu não trabalhasse mais lá, ainda era cliente do restaurante. Gostava da pizza. Estava no restaurante como consumidor, com minha então namorada, agora esposa. O gerente veio até nós e, em um restaurante cheio, começou a me acusar de ter uma atitude insensível por ousar voltar.

Fiquei mais do que um pouco surpreso. Vi uma mulher de meia-idade furiosa comigo (então um jovem de 19 anos). Ela perdeu o controle, gritando e divagando. Fiquei envergonhado e muito desconfortável. Ela estava tentando me ensinar uma lição sobre respeito. Embora não da forma que pretendia, aprendi muito naquele dia sobre respeito e sobre como tratar os outros (especialmente funcionários ou ex-funcionários). A rejeição dessa demissão nunca foi realmente esquecida. As lições que aprendi, de forma indireta, com minha ex-gerente moldaram as próximas três décadas da minha carreira.

A raiva dela contra mim foi injustificada, e a fúria que demonstrou em um restaurante cheio de gente deixou uma lembrança inesquecível para mim.

Tentei nunca deixar minha raiva ir tão longe. Embora eu tenha tido muitos momentos gerenciais dos quais não me orgulho, penso nesse momento e espero fazer melhor.

Oremos — Deus, obrigado por esses momentos de aprendizado. Pedimos desculpas pelo papel que desempenhamos em causar essas situações.

Provérbios do Mercado

Pontos de Ação

Você já se viu em uma situação onde presenciou um momento de ira explosiva?

1.— Como você reagiu?

_____

_____

2.—Se você já passou por isso, como a situação se desenrolou?

_____

_____

3.—Se esteve envolvido em qualquer um dos lados, poderia ter feito algo para amenizar a situação?

_____

_____

4.—Como você pode abraçar essas lições no futuro para aprender e se tornar um líder melhor por causa disso?

_____

_____

_____

Provérbios 15

*A resposta calma desvia a fúria,
mas a palavra ríspida desperta a ira.
A língua dos sábios torna atraente o conhecimento, mas a boca dos tolos derrama insensatez. Os olhos do Senhor estão em toda parte, observando atentamente os maus e os bons.
O falar amável é árvore de vida,
mas o falar enganoso esmaga o espírito.
O insensato faz pouco caso da disciplina de seu pai, mas quem acolhe a repreensão revela prudência. A casa do justo contém grande tesouro,
mas os rendimentos dos ímpios lhes trazem inquietação. As palavras dos sábios espalham conhecimento; mas o coração dos tolos não é assim.."
Provérbios 15:1-7 NIV*

Observação de Ernie

Coisas acontecem além do nosso controle. Como respondemos a isso aumenta ou diminui nossa influência sobre nossos clientes, o que se expande para o mercado. O que carregamos dentro de nós é o que transborda ou é revelado quando somos abalados. Parafraseando um antigo provérbio de fazendeiro: "O que está no poço sobe no balde."

Por muitos anos, "preguei" sobre servir aos clientes dentro da minha esfera de relacionamento, o que fiz até sucumbir à tirania do urgente para "atingir a meta" ou quando surgiu um conflito com um cliente, o que eu via como um obstáculo à "atingir a meta" em vez de uma oportunidade para aprofundar o relacionamento com o cliente. Às vezes, eu ignorava o problema, pensando que o cliente esqueceria o problema porque não houve resposta, ou atribuía a culpa a outro membro da equipe. De acordo com o antigo provérbio de fazendeiro, o que estava "no meu poço" subiu no balde.

Provérbios 15:1-7 ensina a importância de gerenciar conflitos, especialmente dentro de uma esfera de influência. Sim, até mesmo os relacionamentos mais profundos e celebrados têm disputas ocasionais ou mal-entendidos, que devem ser resolvidos para manter um espaço seguro para a continuidade das comunicações e o apoio mútuo das visões e objetivos no mercado.

Como lidamos com o conflito? John Maxwell sugere sete ideias, uma para cada versículo de 1 a 7:

1.—Permaneça calmo e gentil. Nosso exemplo se tornará contagioso.

2.—Fale com verdade e precisão ao discutir o conflito com todas as partes.

3.—Deus é o juiz supremo e executará a justiça.

4.—Resolva o problema em vez de culpar.

5.—Peça desculpas se estiver errado. Permaneça ensinável.

6.—Agregue significado a todos, mesmo que você discorde deles. Lembre-se do nosso lema: Ame a Deus, Sirva aos Clientes e Agregue Significado..

7.—Fale palavras de compreensão em vez de tentar fazer valer o seu ponto de vista.

Provérbios 16

*Ao homem pertencem os planos do coração, mas do Senhor vem a resposta da língua.
Todos os caminhos do homem lhe parecem puros,
mas o Senhor avalia o espírito. Consagre ao Senhor tudo o que você faz,
e os seus planos serão bem-sucedidosção dos tolos não é assim.."
Provérbios 16:1-3 NIV*

Observação de Ernie

*"A produtividade nunca é um acidente.
É sempre o resultado de um compromisso com a excelência, planejamento inteligente e esforço focado."* —Paul Meyer

Hartley Peavey, fundador e CEO da Peavey Electronics, uma vez destacou que o animal mais ativo no celeiro é uma galinha com a cabeça cortada. Gerar muita atividade não é necessariamente um sinal de vida. Por muitos anos, fiquei confuso e deixei que outros ditassem como eu deveria me comportar. Fizeram-me acreditar que só poderia ser produtivo se estivesse sobrecarregado. Isso me leva a fazer três perguntas:

1. —O que é o verdadeiro sucesso?

2. —Como o alcançamos?

3. —Como o mantemos?

Vamos começar com um novo modelo de sucesso que não necessariamente equaciona atividade com produtividade. Embora seja verdade que nunca realizaremos nada sem fazer algo, também é verdade que muita ocupação geralmente obscurece nossa capacidade de pensar estrategicamente e usar os recursos que Deus nos deu da melhor forma possível. Provérbios 16:1-3 declara claramente que devemos primeiro comprometer nossas obras ao Senhor, e Ele direcionará nosso caminho por meio do Seu Espírito Santo. Devemos nos comprometer a Deus em primeiro lugar, e então nossos planos e obras se tornarão mais claros. Se queremos construir algo que tenha uma vida própria verdadeira, focar no nosso verdadeiro objetivo e dar vida ao nosso esforço por meio do planejamento estratégico, então devemos buscar sabedoria de Deus. Trabalhar a partir do resultado desejado depois de comprometer nossos planos, obras e ações a Deus.

Ao longo da minha carreira, fui responsável por planejar e organizar grandes eventos. Nas vezes em que "fiz por conta própria," sempre houve desafios, contratempos e influências negativas inesperadas. Quando finalmente aprendi o conceito por trás de Provérbios 16, os eventos sempre foram bem-sucedidos, pois me comprometia a Deus, às minhas obras, aos meus objetivos e à minha visão para o evento. Meu caminho era sempre direcionado, embora eu só percebesse isso após o evento, durante a reflexão. Aprendi finalmente que não se trata apenas de planejar e organizar um evento bem-sucedido, mas sim de influenciar os outros para agregar valor e ser um canal para trazer o Reino de Deus à Terra como no Céu. Quando comprometo minhas obras, ações, pensamentos, feitos, objetivos e visão ao Senhor, tudo dá certo, muitas vezes de uma maneira ou estilo que não fazia parte do meu "plano mestre."

Pensamento adicional: Cada interação com um cliente é um evento. O planejamento préreunião para uma apresentação individual é semelhante ao planejamento de um grande evento. Todos os eventos e resultados devem ser apresentados ao Senhor para orientação. Como Mestres no Sucesso do Cliente, nosso objetivo é servir a Deus e a Seus outros filhos (clientes) e agregar significado aos esforços deles para servir seus próprios clientes. Esse processo começa com um compromisso com Deus para fazer o nosso melhor para viver uma vida que O faça dizer "Muito bem, servo bom e fiel," frequentemente a nós por meio do Seu Espírito Santo. Código de Sucesso do Cliente: *Atividade não é necessariamente um sinal de vida.*

Provérbios 17

*O filho tolo só dá tristeza,
e nenhuma alegria tem o pai do insensato
Provérbios 17:21 NIV*

Observação de Ernie

Sou atraído por essa passagem de uma perspectiva de desenvolvimento de negócios, porque encontramos, ou talvez criamos intencionalmente, clientes que não exibem a mentalidade de qualidade ou a representação que preferimos para nossos produtos e serviços. Meu pensamento se aplica ao canal de vendas de empresa para empresa para consumidor (B2B2C), onde uma empresa ou vendedor trabalha com um revendedor que, esperançosamente, agrega valor ao produto ou serviço para os clientes deles, que são os consumidores finais. O segundo "B" na equação é um intermediário, pois o verdadeiro usuário/comprador dos produtos e serviços é o cliente ou usuário final na cadeia de suprimentos. Quando entramos em um relacionamento com um revendedor que não representa os produtos e serviços com uma mentalidade de qualidade ou que se importa menos em construir um relacionamento duradouro com o cliente final, o verdadeiro usuário, nos tornamos como os pais de um tolo mencionados no versículo 21.

Este é um caso de perseguir transações apenas pelo ato de transacionar, em vez de construir relacionamentos com todos na cadeia, especialmente com o cliente final, o verdadeiro usuário dos nossos produtos e serviços. O indivíduo ou a entidade que realiza a transação de pagamento assume a responsabilidade.

Construir relacionamentos de qualidade e significativos com todos na cadeia de eventos leva a transações de qualidade mais frequentes. Ao longo da minha carreira, persegui muitos revendedores "black ops" dos produtos e serviços que representei, o que me causou mais sofrimento do que satisfação. Eu perseguia essas transações "black ops" porque podiam gerar grandes pedidos. No entanto, geralmente era algo temporário, pois eles não estavam comprometidos em construir um relacionamento de longo prazo e qualidade comigo, com minha empresa ou com o produto. Tudo se resumia à transação, pois o produto ou serviço era popular. Raramente eles adicionavam esforços de marketing para manter a popularidade do produto. Esses vendedores não expandiam o mercado; eles tiravam um pedaço do bolo à custa de um revendedor mais leal que agregava valor antes e depois da venda para o cliente final. Esses vendedores, em vez de atender o cliente quando surgia um problema, diziam para o cliente "ligar para a fábrica." Eu chamava isso de mentalidade "clique e envie." Quando me concentrava primeiro em construir relacionamentos em vez de perseguir transações, as transações geralmente me procuravam e eram mais profundas, significativas e frequentes.

Oh, Senhor, por favor, envia o Teu Espírito Santo para me incentivar a pensar em relacionamentos em vez de transações ao interagir com os clientes. Concede-me a sabedoria para discernir o verdadeiro valor das transações comerciais. Mantém-me focado em agregar significado e valor ao cliente final, o verdadeiro usuário do produto, para amá-lo como a mim mesmo e liderar pelo exemplo para todos na cadeia de negócios. Que relacionamentos significativos e que agreguem valor sejam construídos com Teus outros filhos, meus próximos, irmãos espirituais (clientes) sempre prevaleçam sobre as transações. — Amém.

Provérbios 18

As palavras do tolo provocam briga, e a sua conversa atrai açoites. A conversa do tolo é a sua desgraça, e seus lábios são uma armadilha para a sua alma. As palavras do caluniador são como petiscos deliciosos; descem até o íntimo do homem.
Provérbios 18:6-8 NIV

Observação de Ernie

Nos anos 1970, nos meus primeiros anos de vendas em campo, eu trabalhava em um território com uma lista definida de clientes, visitando os mesmos clientes rotineiramente. Como meu caráter era questionável, eu fofocava sobre a concorrência com clientes em comum, como um cachorro latindo. Algumas pessoas nas organizações dos clientes se alimentavam de fofocas sobre o representante X de uma empresa concorrente, também. Há um ditado: "Se você parar sempre que um cachorro late, sua estrada nunca terá fim." Isso é verdade, pois nossas reuniões programadas eram mais sobre fofoca (latidos) do que sobre negócios construtivos. Realizávamos pouco.

Provérbios do Mercado

Saboreávamos o gosto de uma bala barata. Fui tolo por fazer isso. Fui desmascarado várias vezes pelas minhas fofocas, sendo repreendido por uma autoridade superior que, de certa forma, estava me amordaçando. Eu não era um mestre no sucesso do cliente com um propósito e visão adequados para agregar significado aos meus clientes; tudo o que eu tinha para discutir eram coisas negativas. Passei mais tempo fofocando do que investindo em criar importância e fazer a diferença para meus clientes, e minha conta bancária modesta confirmava isso.

Um mestre no sucesso do cliente apresenta as qualidades e os benefícios que seus clientes desfrutarão através de seus produtos e serviços. Gastar versus investir é como a versão CEV diz: "Nada é tão delicioso quanto o gosto da fofoca." Bala barata não faz bem para nós, e espalhar palavras ruins sobre os outros filhos de Deus também não. Logo, ficamos sem recursos porque não investimos. Aprendi ao longo dos anos que os concorrentes não são nossos inimigos. Nossos concorrentes são pessoas com mentalidades semelhantes, outros filhos de Deus. Somos irmãos espirituais servindo clientes em comum. Ainda assim, a fofoca não só diminui a pessoa sobre quem falamos, mas também diminui quem a espalha e quem a escuta. Como diz o ditado: "Pessoas grandiosas falam sobre ideias, pessoas medianas falam sobre si mesmas, e pessoas pequenas falam sobre os outros." Na minha opinião, a fofoca é o "fake news" definitivo.

Pai, Senhor Jesus, Espírito Santo, Tu me perdoaste pelas fofocas que fiz ao longo dos anos. No entanto, como sabes, ocasionalmente volto a fofocar, especialmente quando não estou focado em Ti a cada minuto. Obrigado por me incentivar a fechar os ouvidos quando surge a "oportunidade" de ouvir fofoca. Por favor, me leva a transformar a "fofoca" em elogios, buscando o bem em qualquer situação em vez do negativo. Por favor, me leva a permanecer em Tua Trindade em vez da trindade de mim, eu mesmo e eu. Em nome de Jesus, amém.

Provérbios do Mercado

Pontos de Ação

1. —Nunca fofocar

2. —Crie um filtro de fofocas semelhante ao ensinamento de Sócrates:

A. **Verdade** — Fale e ouça apenas a verdade validada e confirmada.

B. **Bondade** — A discussão é edificante para todos os envolvidos?

C. **Utilidade** — Como essa discussão é aplicável para todos os envolvidos?
Como podemos aprender e crescer a partir desta discussão?

Provérbios 19

*Ouça conselhos e aceite instruções,
e acabará sendo sábio.*
   Provérbios 19:20 NIV

Observação de Ernie

Minhas anotações manuscritas na margem da minha Bíblia de Provérbios 20 me lembram de fazer a vida, tanto pessoal quanto profissional, com outros de mentalidade semelhante que estão alguns marcos à frente de mim na nossa jornada.

Ao longo da minha carreira, desfrutei dos frutos de boas decisões quando busquei a opinião de outras pessoas. Quando eu estava "cheio de mim" e tomava decisões precipitadas, aqueles ao meu redor e eu sofríamos as consequências. Ouvi o Bispo T.D. Jakes dizer que devemos aprender com quem está à frente, buscar apoio de nossos pares e ensinar para quem está começando. Extrair conhecimento significa buscar recursos em várias fontes. No mundo dos negócios, muitas pessoas já vivenciaram os resultados de decisões que estou prestes a tomar. Aprender com elas é sábio, na minha opinião. Analisar os erros de eventos passados também é um bom passo para crescer em conhecimento e sabedoria. Eu chamo isso de "autópsia pós-evento." Zig Ziglar nos lembra: *"Fracasso não é uma pessoa; é um evento."* Esta é uma boa lembrança de Zig de que geralmente são outras pessoas que conduzem eventos que falham. Devemos aprender com a experiência delas.

Devemos sempre estar aprendendo, e quem melhor para aprender do que com a experiência de muitos conselheiros de confiança? O versículo 27 na versão A Mensagem diz: "Se você parar de ouvir, querido filho, e seguir sozinho, logo estará fora do seu alcance." Tão verdadeiro; as vezes em que tomei decisões isoladamente, ouvindo apenas a trindade de mim, eu mesmo e eu, raramente produziram um benefício.

Também devemos alcançar os outros, ou seja, buscar a opinião daqueles que estão no mesmo marco de vida e de negócios, em outras palavras, nossos pares. Temos perspectivas ou opiniões diferentes sobre como abordar uma decisão. A chave aqui é ouvir para entender, em vez de ouvir para responder, reagir ou defender uma decisão que estamos determinados a tomar, independentemente do que recebemos de nossos conselheiros. Muitas vezes, eu ouvia apenas o que queria ouvir, ou seja, a opinião que eu buscava e recebia era só um falso motivo para eu dizer: "Conferi com a equipe." Devemos estar sempre prontos e dispostos a ensinar aqueles que estão alguns marcos atrás de nós. Devemos compartilhar com eles sobre os buracos na estrada (más decisões que tomamos). A chave é "ensinar" ou "compartilhar," e não pontificar. Ensinar para baixo é semelhante a disciplinar, orientar ou treinar, em vez de pregar com arrogância como quem sabe tudo. Dito isso, "Afirmando serem sábios, tornaram-se tolos." — Romanos 1:22

Mestres no Sucesso do Cliente buscam aprender, crescer e compartilhar com os outros para elevar o nível de nossas águas mútuas. O velho ditado "uma maré alta levanta todos os barcos" se aplica. Quando buscamos conselhos de outros e sabedoria de Deus através do Seu Espírito Santo, fazemos com que a maré suba em nosso oceano (esfera de influência)

Senhor, por favor, continua a me dar sabedoria para liderar, servir e Te honrar em tudo o que faço diariamente. Oro a oração de Salomão: "Por favor, faz-me sábio e ensina-me a diferença entre o certo e o errado. Então, saberei como liderar Teus outros filhos, e se não fizeres isso, não há como eu liderar aqueles que confiaste a mim." Amém!

Provérbios 20

"A beleza dos jovens está na sua força; a glória dos idosos, nos seus cabelos brancos."
Provérbios 20:29 NIV

Observação de Jon

Ao ler este versículo, lembro-me de uma reunião de negócios de alguns anos atrás. A reunião foi uma sessão de treinamento de um dia inteiro, das 8h30 às 17h, seguida de um jantar.
O grupo era pequeno — havia seis de nós. Eu era o mais jovem na reunião. Algumas pessoas "mais experientes" também participaram, então a faixa etária ultrapassava os 30 anos.

Aqueles que me conhecem podem atestar que fui abençoado com uma sagacidade rápida, mas também com um temperamento curto. A pessoa mais velha na reunião estava em declínio na carreira e tinha dificuldade em ouvir. Isso levou a vários atrasos e interrupções. Às vezes, tenho dificuldade em demonstrar graça, e esse dia não foi uma exceção. Devo confessar que tive dificuldade em lembrar que esse senhor passou mais tempo na nossa indústria do que eu vivi. Se eu tivesse demonstrado um pouco de graça, ambos poderíamos ter nos beneficiado. Eu poderia ter ajudado ele a acompanhar o ritmo da reunião, e ele poderia ter me ajudado a aplicar algumas das informações de forma prática em instâncias específicas de sua carreira. Como resultado, ambos perdemos.

Seu cabelo grisalho era esplendoroso. Eventualmente, serei esse cara. Eu deveria ter aproveitado a oportunidade para usar minha força (minha capacidade de ouvir o palestrante) e me beneficiar dos seus anos na mesma carreira.

Oremos — Deus, obrigado por me permitir ver minhas falhas. Obrigado pelas repetidas chances de tentar acertar e por me convencer a ser melhor nessas situações. Por favor, ajude-me a vê-las como oportunidades. Amém.

Pontos de Ação

Procure oportunidades para aproveitar sua força e o esplendor de outra pessoa. Isso beneficiará a ambos.

Provérbios 21

"Melhor é viver num canto sob o telhado do que repartir a casa com uma mulher briguenta.."
Provérbios 21:9 NIV

Observação de Ernie
Desde 1971, trabalho com clientes no canal de vendas B2B2C, lidando com personalidades de todos os tipos. Ao longo dos anos, percebi que existem cinco níveis de relacionamento empresarial.

Tolerado — Esse é o relacionamento empresarial que se mantém por necessidade. Comparo isso com um provedor de internet que é o único na região. O atendimento ao cliente é horrível, mas não há alternativas. O cliente "tolera" o relacionamento por necessidade.

Tépido ou morno — Esse nível não é muito melhor que o tolerado, mas há um pouco mais de respeito. O fornecedor não é difícil de lidar, mas não há um verdadeiro "amor" pelo produto ou serviço.

Provérbios do Mercado

Fornecedor — Este é o terceiro nível de relacionamento comercial, além do Tolerado e do Tépido. Tolerado e Tépido são fornecedores, mas não escolhidos pelo cliente. O cliente escolhe o fornecedor no nível hierárquico dos relacionamentos comerciais, em vez de ser forçado a aceitá-lo por necessidade. O cliente decide com quem quer fazer negócios. Pode ser pela personalidade do contato, conveniência, preço, disponibilidade de produto, etc. Os clientes geralmente fazem negócios com fornecedores porque os produtos ajudam a empresa a ter sucesso. O relacionamento nem sempre é muito forte e pode ser temporário. Os clientes podem trocar de fornecedor se outro oferecer melhores preços, disponibilidade ou um atendimento mais amigável. Comparo isso com a mentalidade de "clique e receba" do comércio eletrônico. O cliente compra, e o fornecedor envia e cobra o valor ao final da transação. O relacionamento com o fornecedor é geralmente transacional, e não centrado no relacionamento.

Parceiro — No canal de vendas B2B2C, esse é o relacionamento com o fornecedor em um nível mais profundo. Normalmente, é um relacionamento forte, pois tanto o fornecedor quanto o cliente se interessam pelo sucesso do consumidor final (usuário) do produto. Os parceiros desejam sucesso mútuo em seus negócios, discutindo expansão de mercado, ideias de desenvolvimento de negócios e desenvolvimento de produtos com uma mentalidade de parceria. Esse relacionamento é geralmente sólido, pois a equipe do fornecedor agrega valor e significado à equipe do cliente, ajudando-o a atender o cliente final, o usuário do produto/serviço. Este é o tipo de relacionamento onde ambos se consideram mutuamente clientes, focados em ajudar uns aos outros a crescer, prosperar e servir ao cliente final. Quando o relacionamento é profundo, as transações são mais frequentes e significativas. Cada transação é uma celebração do relacionamento.

Celebrado — Este é o ápice de todos os relacionamentos. Desenvolvido ao longo de muitos anos, é profundamente comprometido com respeito mútuo, confiança e sucesso. É um tipo de relacionamento onde se pode contar em qualquer situação. Relacionamentos

Celebrados geralmente são reservados para familiares e amizades profundas, podendo incluir parceiros de negócios (clientes). É raro alguém ter mais de 12 Relacionamentos Celebrados, pois o compromisso é extremamente profundo.

O conceito de cônjuges irritantes nos versículos 9 e 12 de Provérbios geralmente se aplica aos níveis Tolerado, Tépido e Fornecedor. Em minha experiência, quanto mais baixo o nível, mais alto soa a "irritação." Infelizmente, pessoas nos negócios que são muito difíceis de agradar geralmente se encontram nos níveis 1 a 3. Elas estão sempre procurando algo errado em cada transação. Isso provavelmente é uma questão de confiança. Estamos aqui para servir aos outros filhos de Deus, independentemente de sua personalidade ou nível de relacionamento; no entanto, não somos chamados para sermos um "tapete de chão." Devemos estar igualmente alinhados sempre que possível (2 Coríntios 6:14). Ao lidar com um "cliente irritante," o melhor é buscar entender suas necessidades ou padrões desejados de negócios e trabalhar para superar suas expectativas. Como Jesus disse, "Vá além do esperado ao carregar o fardo de outra pessoa" (Mateus 5:41). Lembre-se de que somente nossos clientes podem nos promover para o próximo nível de relacionamento.

Suponho que sempre haverá aqueles que reclamam enquanto estivermos na Terra. Devemos seguir as instruções de Jesus aos 70 que Ele enviou em Lucas 10:5-7: *Quando entrarem numa casa, digam primeiro: Paz a esta casa. 6Se houver ali um homem de paz, a paz de vocês repousará sobre ele; se não, ela voltará para vocês. 7Fiquem naquela casa e comam e bebam o que derem a vocês, pois o trabalhador merece o seu salário. Não fiquem mudando de casa em casa.*

Oh, Senhor Jesus, concede-me sabedoria e discernimento para saber quando sacudir o pó dos meus pés ao encontrar um relacionamento desafiador contínuo. Por favor, ajuda-me a discernir e buscar compreensão da perspectiva dos "reclamões" percebidos. Mostra-me como melhor servi-los ou me afasta deles, se necessário.

Pontos de Ação

1.-- O que é "reclamar" da sua perspectiva? Como você pode superar isso?

2.-- Faça uma lista de todos os seus clientes. Usando os descritores acima, classifique-os em um dos cinco níveis ao lado de seus nomes.

3.-- Como você ajudará cada cliente a alcançar o próximo nível?

Provérbios do Mercado

Provérbios 22

"Não seja como aqueles que, com um aperto de mãos, empenham-se com outros e se tornam fiadores de dívidas; se você não tem como pagá-las, por que correr o risco de perder até a cama em que dorme?."
Provérbios 22:26-27 NIV

Observação de Jon

Essa passagem saltou da página para mim. Existem tantas aplicações para esses dois versículos.

Quando eu era mais jovem, tive um negócio de varejo com um grande amigo. Fomos colegas de casa na faculdade, tocamos juntos em uma banda e compartilhamos a paixão pela música. Ambos tínhamos habilidades únicas que nos tornavam uma força poderosa quando trabalhávamos juntos. A única coisa que nos faltava era capital líquido (dinheiro).

No primeiro ano de negócio, geramos um faturamento bruto de quase $1.000.000. Foi um bom ritmo para um negócio de varejo em nos canal, especialmente por ser novo. Estávamos no início dos trinta anos e já sabíamos tudo sobre o setor. (Insira aqui um alerta de sarcasmo). Esse foi o único ano em que ficamos abaixo de $1,5 milhão. O curioso é que, quanto mais tentávamos crescer o faturamento bruto, menos conseguíamos aumentar o lucro. De fora, parecia que éramos um negócio próspero. Por dentro, nos sentíamos presos. Por quê? (Simples em retrospectiva). Não estávamos pagando nossas dívidas. Tornamo-nos escravos do crescimento. Focamos tanto na receita que vendíamos produtos com margens baixas, tomávamos decisões terríveis no financiamento e nos tornamos escravos do banco. Dezessete anos depois, esses versículos me acertam em cheio! Estávamos tão preocupados em pagar o banco pelo que tínhamos emprestado, usando nossas casas como garantia, que tomamos decisões ruins a curto e médio prazo.

No nosso último ano, fomos os mais lucrativos, e um comprador nos procurou. Vendemos o negócio e seguimos em frente com nossas vidas. Se tivéssemos colocado as palavras de Salomão em prática no início do nosso negócio, poderíamos ter tido um crescimento mais controlado com um modelo de negócios sustentável.

Pontos de Ação

Na sua carreira empresarial, você já experimentou o peso paralisante da dívida em sua vida?

1.—Como isso se manifestou?

___

___

___

2.—Na página ao lado, há um gráfico simples que Ernie usa ao orientar líderes empresariais sobre lucratividade.

___

___

The Greater The Discount, More Must Be Sold To Break Even.

To determine the percentage of increase in unit sales required to earn the same profits after a discount is applied, follow the appropriate column headed Current Gross Profit. Example: A 10% discount on a 50% Gross Profit Margin item requires 25% more unit sales to realize the same gross profit dollars before the discount.

Discount	Current Gross Profit									
	5%	10%	15%	20%	25%	30%	35%	40%	45%	50%
1%	25%	11%	7%	5%	4%	3%	2.9%	2.6%	2.3%	2.0%
2%	66.6%	25%	15%	11%	9%	7%	6%	5%	4%	4%
3%	150%	42%	25%	17%	13%	11%	9%	8%	7%	6%
4%	400%	67%	36%	25%	19%	15%	13%	11%	10%	9%
5%		100%	50%	33%	25%	20%	16%	14%	12%	11%
6%		150%	66%	42%	31%	25%	20%	17%	15%	13%
7%		233%	87%	54%	38.9%	30%	25%	21%	18%	16%
8%		400%	114%	67%	47%	36%	30%	25%	22%	19%
9%		1000%	150%	82%	56%	43%	35%	29%	25%	22%
10%			200%	100%	67%	50%	40%	33%	29%	25%
11%			275%	122%	79%	58%	46%	38%	33%	28%
12%			400%	150%	92%	66%	52%	43%	37%	31%
13%			650%	185%	106%	76%	59%	58%	61%	35%
14%			1400%	233%	127%	87%	67%	54%	45%	39%
15%				300%	150%	100%	75%	60%	50%	43%
16%				400%	118%	114%	84%	67%	55%	47%
17%				567%	212%	131%	94%	74%	61%	51%
18%				900%	257%	150%	106%	82%	67%	56%
19%				1900%	317%	173%	119%	90%	73%	61%
20%					400%	200%	133%	100%	80%	67%
21%					525%	233%	150%	110%	88%	72%
22%					733%	275%	169%	123%	95%	78%
23%					1115%	328%	192%	135%	104%	86%
24%					2400%	400%	218%	150%	114%	92%
25%						500%	250%	166%	125%	100%

Provérbios 23

"Não esgote suas forças tentando ficar rico; tenha bom senso! As riquezas desaparecem assim que você as contempla; elas criam asas e voam como águias pelo céu."
Provérbios 23:4-5 NIV

Observação de Ernie

Salomão foi o homem mais rico que já existiu. Ele tinha sabedoria porque orou pedindo a sabedoria de Deus (1 Reis 3:5-15), e Deus concedeu. Deus deu a Salomão sabedoria e imensas riquezas porque ele pediu sabedoria e não riqueza. Infelizmente, as riquezas subiram à cabeça de Salomão, e ele perdeu tudo, inclusive seu reino. Isso nos leva ao meu ponto.

Na maioria dos dias, oro por sabedoria para liderar a equipe e os clientes. Quando lidero com um coração voltado para Deus e busco a sabedoria do Espírito Santo, o sucesso vem de relacionamentos profundos e significativos. Ao longo de muitos anos, aprendi que, quando construo relacionamentos agregando significado com uma mentalidade de mordomia, em vez de perseguir transações, as transações sempre me procuram.

Smith Wigglesworth escreve em seu livro sobre o Espírito Santo que existem três etapas para realmente construir relacionamentos cheios do Espírito:

Passo 1 — Enraizado no Amor. O Mestre em Sucesso do Cliente Centrado no Evangelho ama a Deus de todo o coração, serve às pessoas (clientes) e agrega significado (valor). Devemos estar enraizados no amor por Deus, buscando ser usados como um instrumento para que Ele sirva aos Seus outros filhos (clientes).

Passo 2 — Compreensão da Palavra de Deus. É simples. Busque entendimento e conhecimento para adquirir sabedoria e saber o que Deus está dizendo. Quando estiver em dúvida sobre um desafio ou travado em um problema, vá para a Bíblia. Procure a resposta que busca. Está lá.

Passo 3 — Nosso solo. Nosso solo deve estar cheio do amor de Deus, Seu Espírito

Santo. Em Mateus 13:8, Jesus falou sobre a parábola da semente: *"Outras sementes, porém, caíram em solo bom, onde as plantas produziram trinta, sessenta eaté cem vezes mais do que o semeado."* (NTLH). Deus proverá uma colheita abundante quando nosso solo for sólido e fértil.

Deus, meu Pai Celestial, santificado seja o Teu nome. Por favor, perdoa os meus pecados, assim como eu perdoei aqueles que me ofenderam. Tu carregaste meus pecados com Teu sangue; sei que Tu não vês meus pecados, mas trago-os a Ti como um lembrete de que preciso de purificação constante. Por favor, faz-me um instrumento Teu para agregar valor aos outros, àqueles confiados a mim como clientes. Concede-me sabedoria para servi-los com amor, com um coração e uma mentalidade de mordomia. Obrigado por Tua misericórdia e graça sobre mim e minha casa. Amém.

Pontos de Ação

1.—O que você ama em sua atual função de carreira?

_____
_____
_____

2.—Quem ou o que é sua principal fonte de sabedoria?

_____
_____
_____

3.—Por que você faz o que faz?

_____
_____
_____

"Uma carreira é aquilo pelo qual você é pago para fazer. Um chamado é o que você faz."— Desconhecido

Provérbios 24

*"Não tenha inveja dos ímpios,
nem deseje a companhia deles;
pois destruição é o que planejam no coração,
e só falam de violência.."
Provérbios 24:1-2 NIV*

Observação de Jon

Nos últimos anos, fiz negócios com dois clientes no mesmo mercado. Quando assumi uma linha de produtos, também herdei os clientes que a acompanhavam. À primeira vista, um deles parecia ser o parceiro ideal— tinha a melhor localização, um espaço de varejo privilegiado e números aparentemente sólidos.

No entanto, algo nunca me pareceu certo em nossa relação comercial. Minhas preocupações foram confirmadas quando descobri que eles haviam fechado um acordo exclusivo para vender uma marca concorrente. Como esperado, nossas vendas com eles caíram drasticamente. Tentei marcar reuniões para entender a situação, mas, no auge da pandemia de COVID-19, eles estavam extremamente relutantes em conversar.

Deixe-me voltar um pouco para dar mais contexto.

Trabalho nesse mercado há mais de vinte anos. Desde meus primeiros anos depois da faculdade, esse varejista estava na minha lista de prospects prioritários. No entanto, vez após vez, minhas linhas de produtos acabavam indo para outras lojas.

Então, após passar anos em funções nacionais, retornei a esse setor e vi que a linha mais importante da nossa empresa estava com esse varejista. Eu já sabia que a equipe de gestão tinha uma reputação difícil, mas não imaginava o quanto a empresa havia se tornado complicada e desafiadora. Com o tempo, percebemos que precisávamos mudar e encontrar um novo parceiro. Quando tomamos essa decisão, o impacto foi imediato.

As acusações começaram. Fui difamado, minha integridade foi questionada e fui retratado como desonesto. No entanto, o novo varejista que escolhemos não só abraçou a linha como também mais que dobrou as vendas ano após ano. Hoje, fazemos negócios com pessoas cujos valores e princípios estão alinhados com os nossos.

Recentemente, soube que a loja original foi forçada a fechar devido a problemas de saúde do proprietário. No fim, eles venderam o negócio para um concorrente local.

A transição de um varejista para outro foi difícil e turbulenta, mas nos trouxe lições valiosas— lições que sempre levaremos conosco.

Provérbios do Mercado

Pontos de Ação

1.—Nos seus negócios, você já fez parceria com alguém cuja constituição pessoal não correspondia à sua?

_____

_____

2.—Como foi essa experiência?

_____

_____

Oremos: Pai, obrigado por essas lições e pelos desafios que colocas diante de nós. Por favor, ajuda-nos a usá-los como oportunidades de crescimento. Ajuda-nos a enfrentá-los de frente. Que Teu Espírito Santo nos guie através deles. Amém

Provérbios 25

"Como nuvens e ventos sem chuva é aquele que se gaba de presentes que não deu.."
Provérbios 25:14 NIV

Observação de Jon

O falecido "Padrinho do Soul," James Brown, tinha uma música chamada "Talkin' Loud and Sayin' Nothing." Os versos iniciais da canção usam a metáfora de uma faca cega que não corta para criticar aqueles que falam alto, mas sem dizer nada de substância. A música reflete a ideia de que palavras sem ações ou propósito são vazias e ineficazes.

Cheers foi um programa de televisão popular que passou durante grande parte dos anos 1980, ambientado em um bar no centro de Boston, onde um grupo de frequentadores se reunia para compartilhar suas vidas, risadas e problemas. Entre os personagens memoráveis estava Cliff Clavin, um carteiro e autoproclamado sabe-tudo. Ele frequentemente pontificava sobre diversos assuntos, independentemente de saber muito sobre eles, e falava tanto que acabava perdendo o interesse de quem o ouvia. Essa característica o tornava tanto divertido quanto um pouco incômodo para os outros clientes regulares do bar.

Ler o ambiente e demonstrar autoconsciência é essencial em uma chamada de negócios ou de vendas. Todos nós já presenciamos alguém falhando em se conectar e continuando a falar sem parar. Já vi vendedores transformarem um "sim" em um "não" por causa disso.

Anos atrás, um mentor de vendas me disse: "As palavras são como sal. Use demais, e todos reclamam. Use de menos, e ninguém quer comer. Quando está na medida certa, todos adoram a refeição." As palavras usadas em uma conversa são muito semelhantes.

Podemos também aplicar isso à nossa caminhada espiritual: Ainda que eu fale as línguas dos homens e dos anjos, se não tiver amor, serei como o sino que ressoa ou como o prato que retine, 1 Coríntios 13:1

Provérbios do Mercado

Se não mostrarmos empatia e nos conectarmos com nossos clientes, agregando significado e valor, nos tornamos aquele címbalo ruidoso que incomoda. Onde você se sente culpado por ser um címbalo barulhento?

Oremos: Jesus, obrigado por nos amar o suficiente para morrer por nós, apesar do nosso comportamento egoísta e egocêntrico. Por favor, ajuda-nos a nos conectar com aqueles ao nosso redor, em vez de sermos uma nuvem de trovão cheia de barulho, mas sem chuva. Ajuda-nos a ver e usar nosso propósito nas atividades diárias. Amém.

Provérbios 26

*"Quem odeia disfarça as suas intenções com os lábios, mas no coração abriga a falsidade. Embora a sua conversa seja mansa, não acredite nele, pois o seu coração está cheio de maldade. Ele pode fingir e esconder o seu ódio,
mas a sua maldade será exposta em público..."*
Provérbios 26:124-26 NIV

Observação de Ernie

Existem várias interpretações diferentes desses versículos. A NVI menciona sete abominações: *"Embora a sua conversa seja mansa,
não acredite nele, pois o seu coração está cheio de maldade."*

Comentário Conciso de Matthew Henry: "Desconfie sempre quando um homem fala de maneira agradável, a menos que o conheça bem. Satanás, em suas tentações, fala de maneira agradável, como fez com Eva, mas é loucura dar-lhe crédito. Que esforços as pessoas fazem para causar mal aos outros! Mas é como cavar uma cova, rolar uma pedra — um trabalho árduo — e eles acabam preparando o mal para si mesmos. Existem dois tipos de mentiras igualmente detestáveis. Uma mentira difamatória, cujo mal todos percebem. E uma mentira lisonjeira, que secretamente causa ruína. Um homem sábio temerá mais o lisonjeador do que o difamador."

Neste caso, o lisonjeador pode ser o status quo e a zona de conforto. Tenho orientado representantes de vendas em campo por anos que seu pior inimigo é o status quo, NÃO a concorrência humana. O status quo se torna tão enraizado em uma organização e nas pessoas dentro dela a ponto de não haver crescimento. Oportunidades passam despercebidas por causa da mentalidade de "nunca fizemos isso antes." Acredito que o status quo é o "filho" do monstro da zona de conforto. O Dicionário Cambridge define zona de conforto como: *"uma situação na qual você se sente confortável e onde sua habilidade e determinação não são testadas."*

Eu frequentemente viajava para territórios de vendas em uma função de liderança corporativa, com equipes de vendas ao redor do mundo. Meu objetivo era construir um relacionamento com o gerente do território que me reportava ou com um subordinado que me reportava, e visitar clientes atuais e potenciais. Nos meus primeiros anos nessa função, eu estava "confortável" em visitar apenas os clientes existentes; afinal, eles fornecem uma receita já estabelecida. Aprendi isso pelo exemplo de gerentes de vendas anteriores na minha carreira. Eles só se sentiam confortáveis em visitar clientes existentes, o que criava uma mentalidade de status quo. "Sempre visite seus clientes atuais" era o mantra deles. Ao refletir sobre isso, percebo que essa era a zona de conforto deles e a minha, desenvolvendo um status quo e, muito provavelmente, uma questão de ego. Afinal, era bom quando um cliente existente tratava um executivo de vendas visitante com alta consideração. Infelizmente, quanto mais visitamos o mesmo cliente, mais confortáveis nos tornamos; e, eventualmente, o conforto gera desprezo. Desprezo no sentido de que é fácil considerar o relacionamento garantido. É fácil ser um "visitante profissional" em vez de um especialista em desenvolvimento de negócios, também conhecido como Mestre em

Sucesso do Cliente. É fácil perder de vista o fato de que devemos constantemente agregar significado ao cliente, para que nossa credibilidade não se desgaste. João 7:5: *"Nem mesmo seus próprios irmãos que viviam com ele diariamente acreditavam nele..."* Esse conforto pode lentamente levar a uma mentalidade de "transação" em vez de aprofundar o relacionamento.

Construir relacionamentos em vez de perseguir transações é algo complexo. O gosto das transações bem-sucedidas permanece e cria um desejo por mais. Não há nada de errado com as transações; elas pagam as contas. Quando faço um depósito no banco, seja pessoalmente ou pelo aplicativo, não há lugar para depositar um relacionamento. No entanto, é através dos relacionamentos que as transações são depositadas. Quanto mais profundo o relacionamento, mais frequentes são as transações. O Rabino Daniel Lapin chama essas transações de "certificações de apreço." Eu as chamo de celebrações de um compromisso mútuo.

A constante busca e adoração às transações em vez de construir e aprofundar relacionamentos atuais são os monstros da zona de conforto que mencionei acima. Abordar cada dia com uma mentalidade centrada na transação se torna confortável e se transforma no status quo. Nunca devemos tomar nossos relacionamentos atuais como garantidos (status quo); devemos ser diligentes em aprofundar continuamente os relacionamentos para garantir que estejam em uma base sólida, sempre agregando significado a cada cliente.

Senhor Jesus, por favor, através do Teu Espírito Santo enviado para habitar em nós, dá-nos sabedoria e discernimento para saber quando estamos alimentando o monstro da nossa zona de conforto. Ajuda-nos a distinguir entre o status quo e as oportunidades de crescimento. Amém!

Provérbios do Mercado

Pontos de Ação

Articule claramente como você irá aprofundar seu relacionamento com um cliente existente hoje.

1. —Qual é o status quo deles?

_____
_____

2. —O que na zona de conforto *deles está alimentando o status quo?*

_____
_____

3. —Como você os valoriza?

_____
_____
_____

4. —Como você irá agregar valor e significado a eles?

_____
_____
_____

Provérbios do Mercado

5.—Como eles irão lucrar com o valor e o significado que você adicionou?

_____
_____
_____
_____
_____

Provérbios 27

"Não se gabe do dia de amanhã, pois você não sabe o que este ou aquele dia poderá trazer. Que outros façam elogios a você, não a sua própria boca; outras pessoas, não os seus próprios lábios."
Provérbios 27:1-2 NIV

Observação de Ernie

Engajei em autopromoção descarada muitas vezes na minha carreira. Busquei ser entrevistado para artigos em revistas do setor para promover a trindade errada: eu, eu mesmo e eu. Na maioria das vezes, enfrentei desafios depois da entrevista porque trouxe atenção para mim, em vez de para a equipe que eu liderava e para os produtos e serviços que representávamos.

Os versículos 1-2 falam sobre os fundamentos dos relacionamentos. John C. Maxwell diz: "quando as pessoas (outros) são valorizadas, os relacionamentos são resgatados."

Portanto, não se gabe da transação importante que você fez, pois isso leva seus concorrentes a responder com táticas de marketing agressivas, complicando ainda mais a sua vida. Ficar se gabando faz você parecer mal e, possivelmente, faz o concorrente que não conseguiu a transação se sentir mal, especialmente se ele tem uma autoimagem negativa.

Deixe que outros louvem suas realizações devido ao relacionamento significativo que têm com você. Participantes de relacionamentos Celebrados louvam as conquistas uns dos outros. Eles são defensores mútuos. Lembre-se: as notas mais doces que ouvimos são aquelas de outra pessoa falando sobre nossas realizações.

Não inveje aqueles que estão alguns marcos à frente de você no mercado. Aprenda com eles observando e ouvindo. Tire lições dos erros e vitórias deles.

O Espírito Santo me direcionou a Filipenses 2:1-22, o comentário final de Paulo sobre autopromoção:

Provérbios do Mercado

"Se por estarmos em Cristo nós temos alguma motivação, alguma exortação de amor, alguma comunhão no Espírito, alguma profunda afeição e compaixão, 2completem a minha alegria, tendo o mesmo modo de pensar, o mesmo amor, um só espírito e uma só atitude. 3Nada façam por ambição egoísta ou por vaidade, mas humildemente considerem os outros superiores a vocês mesmos. 4Cada um cuide, não somente dos seus interesses, mas também dos interesses dos outros. Seja a atitude de vocês a mesma de Cristo Jesus."

Pontos de Açã

1.—Qual é o seu relacionamento com o cliente de uma transação recente, independentemente do valor?

_____
_____
_____

2.—Eles irão "cantar seus elogios" pelo relacionamento que você tem com eles?

_____
_____

3.—Se não, como você fará isso acontecer no futuro?

_____

_____

_____

Deus, Tua Santa Trindade—Tu (meu Pai), Jesus (meu Salvador) e o Teu Espírito Santo (meu Consolador e Guia)—é a única trindade verdadeira. Por favor, perdoa-me por seguir a trindade de mim mesmo. Obrigado pelo Teu perdão quando sigo a minha própria trindade. Por favor, Espírito Santo, me ajude a ouvir Tua orientação e sabedoria e a agradecer a Deus minuto a minuto por minhas vitórias no mercado. Em nome de Jesus—Amém.

Provérbios 28

"Quem confia em si mesmo é insensato, mas quem anda segundo a sabedoria não corre perigo.."
Provérbios 28:26 NIV

Observação de Jon

Ainda bem que tenho GPS no carro. Já assisti a programas antigos de TV em que o marido e a esposa discutiam porque ele era teimoso demais para parar e pedir informações. Confesso que eu provavelmente seria esse cara.

Olhando para a passagem de hoje, vejo que isso também se aplica muito ao mundo dos negócios. Muitas vezes, nos sentimos presos em uma situação e não sabemos qual deve ser o próximo passo.

Nesses momentos, pedir ajuda e orientação é essencial. Talvez você tenha um cliente importante insatisfeito por motivos fora do seu controle e que esteja considerando mudanças que podem afetar negativamente seu faturamento. Você tem um mentor? Alguém imparcial que possa enxergar a situação de fora e oferecer conselhos para ajudá-lo a tomar a melhor decisão?

Se você for como eu, pode ter certa resistência em pedir ajuda. Será que seu orgulho está atrapalhando? (Falo por experiência própria.)

Tentar resolver tudo sozinho geralmente não dá certo. Para lidar com essas situações, é importante buscar a opinião de pessoas que compartilham seus valores e crenças.

Pontos de Ação

1.— Pense em uma situação de negócios difícil que você tentou resolver sozinho._____

2.— Como foi o resultado?

_____

3.— Existe alguém em sua vida com quem você possa se conectar para criar um relacionamento de "ferro afia ferro" e ajudá-lo a manter o trem nos trilhos?

_____

Oração

Deus, obrigado pelos momentos de fracasso, pois são oportunidades de aprendizado. Obrigado por nos mostrar que não podemos fazer tudo sozinhos. Dá-nos sabedoria e visão para perceber essas situações antes que aconteçam, para que possamos buscar conselhos sábios. E, acima de tudo, ajuda-nos a buscar orientação que venha de Ti. Em nome de Jesus, amém.

Provérbios 29

"Você já viu alguém que se precipita no falar? Há mais esperança para o insensato do que para ele"
Provérbios 29:20 NIV

Observação de Jon

Este versículo pode ser desmembrado de muitas maneiras em um ambiente de negócios. No início da minha carreira em vendas, enquanto estava me acostumando a apresentar meu discurso, eu tinha dificuldades para "ler o ambiente." Muitas vezes, continuava falando, ignorando a linguagem corporal do cliente com quem estava me reunindo. Como um trem sem freios, eu seguia em frente, sem parar. Descendo pelos trilhos, a única coisa que podia me fazer parar era a necessidade ocasional de respirar.

Então, tive o privilégio de viajar com meu novo supervisor. Fiquei encantado. Pela primeira vez, testemunhei um verdadeiro profissional em ação. Ele usava as palavras com cuidado, fazia perguntas e se conectava com nossos clientes. E saía com pedidos fechados! Eu precisava entender o que ele fazia. Passei dias fazendo perguntas a ele entre as visitas de vendas. Ao final da nossa viagem, percebi que agora era eu quem estava conduzindo a apresentação. Eu estava aplicando o que havia aprendido.

Curiosamente, foi a semana mais movimentada da minha carreira em termos de criação de pedidos. Um dos presentes mais significativos que levei dessa viagem foi aprender a lidar com o silêncio desconfortável em uma situação de vendas. Já ouvi dizer que "quem fala primeiro perde." Mas não acho que essa seja uma descrição justa. Acredito que uma boa parceria é uma relação de ganha-ganha. O silêncio nesses momentos pode ser um pouco desconfortável, mas muitas vezes, dentro do ritmo do processo de vendas, é um sinal de que o cliente está ponderando profundamente sua próxima estratégia. Se você interrompe esse momento, você (o tolo do versículo 20) quebra a concentração dele e atrapalha seu processo de pensamento. Esse momento é perdido, e o cliente fica sem resolução. O silêncio nesses momentos é essencial. É desconfortável, mas necessário para o avanço do processo.

Curiosamente, foi a semana mais movimentada da minha carreira em termos de criação de pedidos. Um dos presentes mais significativos que levei dessa viagem foi aprender a lidar com o silêncio desconfortável em uma situação de vendas. Já ouvi dizer que "quem fala primeiro perde." Mas não acho que essa seja uma descrição justa. Acredito que uma boa parceria é uma relação de ganha-ganha. O silêncio nesses momentos pode ser um pouco desconfortável, mas muitas vezes, dentro do ritmo do processo de vendas, é um sinal de que o cliente está ponderando profundamente sua próxima estratégia. Se você interrompe esse momento, você (o tolo do versículo 20) quebra a concentração dele e atrapalha seu processo de pensamento. Esse momento é perdido, e o cliente fica sem resolução. O silêncio nesses momentos é essencial. É desconfortável, mas necessário para o avanço do processo.

Provérbios do Mercado

Pontos de Ação

1.—Você reconhece algum silêncio desconfortável na sua caminhada espiritual?

2.—Se sim, fique em silêncio e escute atentamente o silêncio.

3.—Em que área da sua vida Deus está tentando chamar a sua atenção?

4.—Você tem o mesmo nível de relacionamento com as três pessoas da Trindade—Deus Pai, Deus Filho e Deus Espírito Santo? Aprendi que receber a palavra de Deus se torna mais fácil quando percebo que Deus é TODOS OS TRÊS na Trindade.

Em uma escala de 1 a 10 (10 sendo o mais alto), classifique seus relacionamentos abaixo:

DEUS_____

JESUS_____

ESPÍRITO SANTO_____

Provérbios do Mercado

Cada um deve ser igual e crescer em direção a 10.

Pai Celestial, obrigado por esses momentos em que nos sentimos sozinhos. Que maneira melhor de saber que podemos confiar em Ti e não nos apoiarmos no nosso próprio entendimento? Ajuda-nos a confiar em Ti nesses momentos de silêncio espiritual. Ajuda-nos a ver que, no silêncio, Tu tentas chamar nossa atenção. Amém.

Provérbios 30

"Não fale mal do servo ao seu senhor; do contrário, o servo o amaldiçoará, e você levará a culpa.."
Provérbios 30:10 NIV

Observação de Ernie

Isso me lembra do nosso ensinamento sobre fofoca. Durante minha carreira, já fiz fofoca sobre colegas de equipe para meus chefes, porque ou estava com inveja de suas conquistas ou com medo de que eles subissem na hierarquia corporativa antes de mim e me deixassem para trás. De qualquer forma, foi um comportamento egoísta que saiu pela culatra. Eu estava apontando o cisco no olho deles enquanto ignorava a trave no meu próprio

"Não julguem, para que vocês não sejam julgados. Pois da mesma forma que julgarem, vocês serão julgados; e a medida que usarem, também será usada para medir vocês.
Por que você repara no cisco que está no olho do seu irmão e não se dá conta da viga que

> *está em seu próprio olho? Como você pode dizer ao seu irmão: 'Deixe-me tirar o cisco do seu olho', quando há uma viga no seu? Hipócrita, tire primeiro a viga do seu olho, e então você verá claramente para tirar o cisco do olho do seu irmão."*
> *Mateus 7:1-5*

Às vezes, um colega de equipe precisa de orientação ou correção se estiver constantemente cometendo erros ou causando problemas disruptivos. Aprendi que ser direto com ele e apontar gentilmente seus erros e as possíveis consequências ajuda muito no crescimento e no respeito mútuos. Aprendi que orientar alguém com base em seus pontos fortes, em vez de apontar suas fraquezas, melhora as fraquezas, que eventualmente se tornam pontos fortes.

Às vezes, um colega rebelde precisa ser relatado à liderança se estiver causando problemas em detrimento da equipe, da empresa e de seus clientes, especialmente se ele se recusar a ouvir ou ignorar as ideias de melhoria de seus colegas. Ignorar a incompetência que atrapalha uma equipe é tolice. Orientar, ensinar e mentorar são qualidades de liderança responsável. A responsabilidade vai além do dinheiro; ela também significa assumir a responsabilidade pela equipe. Isso significa fazer o possível para elevar o colega rebelde a um nível aceitável de competência. Depois, se ele se recusar a aprender ou a abraçar ideias de melhoria de seus colegas, informe que você compartilhará suas preocupações sobre o trabalho dele com a liderança.

Pontos de Ação

1.—Se você relatou um colega de equipe, por quê?

_____

_____

_____

2.—Eles estavam errados ou você estava vendo algo neles que não gostava em si mesmo? (Pense no cisco e na trave).

_____

_____

_____

3. — Como você pode praticar o autoaperfeiçoamento de forma que inspire e motive os outros a seguir seu exemplo?

Ó Pai, Abba, Papai, obrigado pela Tua misericórdia e graça sobre mim. Obrigado pela Tua salvação e por me amar, mesmo quando me desvio e falo mal de um dos Teus outros filhos, meus irmãos espirituais. Ó Espírito Santo, por favor, continue a me alertar para ver e remover a trave em meu olho antes de pregar aos outros que eles precisam remover o cisco dos olhos deles. Em nome de Jesus, amém!

Provérbios 31

"Erga a voz em favor dos que não podem defender-se, seja o defensor de todos os desamparados. Erga a voz e julgue com justiça;
defenda os direitos dos pobres e dos necessitados."
Provérbios 31:6-9 NIV

Observação de Ernie

A notícia fantástica sobre o livre mercado é que qualquer pessoa pode ser um empreendedor, especialmente na maior parte do mundo livre. O empreendedorismo é a capacidade e a disposição para desenvolver, organizar e administrar uma empresa, enfrentando incertezas para obter lucro. Todos os negócios precisam gerar lucro para cumprir sua missão. A questão é como obtemos esses lucros. Traficantes de drogas são empreendedores que lucram explorando os necessitados, geralmente pessoas na pobreza, devido ao vício em drogas. Isso nos leva ao ponto de vista dos versículos de Provérbios 31:8-9. Nossos produtos e serviços devem agregar significado e valor a todos. Certo, você pode estar pensando, como isso é possível? Pelo valor que o usuário do produto e serviço agrega e pelo serviço que ele presta aos que estão em sua esfera de influência. Isso é conhecido como "o cliente do cliente."

Jon e eu compartilhamos 66 anos de experiência combinada na indústria de produtos para instrumentos musicais/pro áudio. Instrumentos musicais e equipamentos de pro áudio (sistemas de som em locais como igrejas, turnês, casas noturnas, PAs portáteis para bandas e DJs) agregam um valor imenso para os designers, fabricantes, representantes de vendas, revendedores, professores, instaladores, assim como para o proprietário/usuário do equipamento E para as audiências que ouvem o conteúdo vindo do produto. Pense sobre esse conceito a partir de uma perspectiva inversa.

Uma pessoa economiza dinheiro para assistir a um show de seu artista favorito. O artista é talentoso e usa seu instrumento para criar uma performance impecável e comovente. Como dizemos, o sistema de som está "bem ajustado." Está tão sintonizado com o local que

Provérbios do Mercado

o público nem percebe que ele está lá (um sistema de som de qualidade e instalação adequada devem ser transparentes para o público; só pessoas como eu, da indústria de áudio, procuram ver a marca e a instalação). O show foi inspirador para nossos espectadores imaginários. Eles podem estar sofrendo emocionalmente e passando por um momento difícil, e a música os inspirou e, de certa forma, os ajudou espiritualmente. Talvez estivessem abatidos, emocionalmente necessitados. Como os artistas e o equipamento eram de primeira linha, nossos participantes começaram uma jornada de cura emocional. Esta descrição também poderia se aplicar a um evento de louvor e adoração em uma casa de culto.

O ponto é que acredito que os designers do sistema de som e dos equipamentos relacionados, os construtores, distribuidores, revendedores e fabricantes dos instrumentos musicais criaram seu trabalho com o desejo de agregar significado e valor às pessoas na plateia, aos proprietários/usuários e a todos os envolvidos na cadeia de fornecimento dos equipame.

Provérbios do Mercado

Pense nos produtos e serviços que você oferece. Quem é o cliente do seu cliente? Todos os clientes têm clientes. Pense nisso. Mesmo se você vende seus produtos/serviços diretamente para um proprietário/usuário, eles também têm um público. Subconscientemente, eles querem agregar valor ao seu público (clientes) usando seu produto ou serviço como uma ferramenta. Como o seu produto/serviço faz isso?

Pontos de Ação

1.—Quem é o cliente do seu cliente?

_____

_____

2.—Como o seu produto/serviço agrega valor e significado ao cliente do seu cliente?

_____

_____

3.—Como o seu produto/serviço defende aqueles que não têm voz?

_____

_____

Provérbios do Mercado

O que o Espírito Santo está te dizendo?

*"Cada palavra de Deus é comprovadamente pura;
ele é um escudo para quem nele se refugia.
Nada acrescente às palavras dele,
do contrário, ele o repreenderá e mostrará que você é mentiroso.
Provérbios 30:5-6 NIV*

Aplicamos experiências pessoais do mundo real aos diversos versículos em cada capítulo de Provérbios.

Acreditamos que a Palavra de Deus é o melhor manual de negócios já escrito, independentemente da tradução. Para ilustrar essa crença, escolhemos o Livro de Provérbios entre todos os livros da Bíblia.

Esperamos que você compreenda o conceito de usar a leitura diária de Provérbios como um guia para ajudá-lo a viver de forma justa e a conduzir seus negócios de maneira mais significativa do que você esperaria em troca. A justiça é simplesmente um comportamento que agrada a Deus e viver para Cristo. É super simples quando pensamos assim, mas é desafiador do nosso ponto de vista humano. O apóstolo Paulo ilustra nosso ponto:

> *Contudo, os perversos e impostores irão de mal a pior, enganando e sendo enganados. Quanto a você, porém, permaneça nas coisas que aprendeu e das quais tem convicção, pois você sabe de quem o aprendeu. Porque desde criança você conhece as Sagradas Letras, que são capazes de torná-lo sábio para a salvação mediante a fé em Cristo Jesus. Toda a Escritura é inspirada por Deus e útil para o ensino, para a repreensão, para a correção e para a instrução na justiça, para que o homem de Deus seja apto e plenamente preparado para toda boa obra.*
> *2 Timóteo 3:13-17 NIV*

Os cristãos podem se sentir impotentes diante da ideia de serem testemunhas de Cristo no mercado de trabalho. Mas Jesus prometeu poder aos seus seguidores—não apenas qualquer poder, mas o poder do Espírito Santo.

Provérbios do Mercado

Mas receberão poder quando o Espírito Santo descer sobre vocês, e serão minhas testemunhas em Jerusalém, em toda a Judeia e Samaria, e até os confins da terra".
Atos 1:8

Essa é mais uma razão para a oração diária e o estudo focado da Bíblia.

Os cristãos muitas vezes podem se sentir sozinhos ou rejeitados por causa da nossa fé, da moralidade bíblica, do caráter e da integridade. O mundo pensa que somos ingênuos por ver a vida através de uma Lente Bíblica.

Devemos lembrar que a declaração de Jesus ainda permanece. Ele não disse que talvez, mas que nós receberíamos poder e seríamos suas testemunhas, por meio de nossas palavras, ações e pela forma como conduzimos nossos negócios. Nosso papel é acreditar, seguir em frente com fé e influenciar positivamente os outros filhos de Deus, nossos irmãos espirituais.

A oração diária e o estudo focado de Provérbios nos ajudarão a evitar o sentimento de solidão ou rejeição nas nossas interações no mercado de trabalho. Pesquisadores têm explorado como 12 minutos de oração focada diária e pesquisa sobre uma necessidade, desafio ou preocupação específica podem mudar significativamente o cérebro. Um estudo liderado pela Dra. Caroline Leaf descobriu que o estudo focado e a oração por oito semanas podem ser medidos em uma varredura cerebral. Incrivelmente, o estudo focado apoiado pela oração pode aumentar a atividade em áreas do cérebro ligadas à compaixão, interações sociais e empatia, comportamentos cruciais em nossas vidas diárias, dentro e fora do mercado.

Essa pesquisa está ligada à neuroplasticidade —a capacidade do cérebro de se remodelar com base no que focamos. Assim como ir à academia fortalece os músculos, o estudo regular e a oração fortalecem e reorganizam o cérebro, particularmente o lobo frontal. Essa é a parte do cérebro responsável pela tomada de decisões, foco e gerenciamento das emoções. Então, quando nos dedicamos ao estudo e à oração, não estamos apenas nos conectando com Deus espiritualmente; estamos também dando ao nosso cérebro um tipo de exercício que melhora nosso bem-estar mental e emocional.

Além disso, pesquisadores afirmam que a oração e o estudo não só nos acalmam, como também ajudam a reduzir o estresse ao diminuir o cortisol, o hormônio responsável por esses sentimentos. Eles podem aumentar a empatia e a compaixão, algo que todos nós poderíamos usar mais, especialmente em nossas interações no mercado de trabalho. Assim como o exercício físico ajuda a manter nosso corpo saudável, a oração e o estudo são como exercícios para o cérebro, promovendo saúde emocional e equilíbrio.

Essas descobertas mostram uma forte conexão entre práticas espirituais e saúde mental. Não é apenas sobre fé—a ciência natural e mensurável está confirmando o poder da oração.

O local de trabalho não é um lugar onde deixamos nossa vocação de lado. O trabalho é ordenado por Deus, e Ele deseja que ampliemos Seu Reino em todos os lugares—especialmente no mercado de trabalho, da nossa perspectiva. Considere o que está em jogo e essa promessa incrível. Vamos juntos no poder do Espírito Santo expandir o Reino de Deus na terra como é no Céu!

Você está sob convicção?

Encerramos com uma devoção de: — Hearing God Through the Year: A 365-Day Devotional (Through the Year Devotionals) por Dallas Willard, publicado pela IVP Books, um selo da InterVarsity Press, Downers Grove, IL.

"Quando há um acordo interior entre nossas mentes e a verdade expressa nas passagens que lemos e estudamos, sabemos que temos parte da mente de Cristo em nós como nossa própria. Essas grandes verdades transmitidas pelas Escrituras foram exatamente o que Jesus acreditava. Elas constituíram a fé, a esperança e o amor em que Ele viveu. À medida que essas verdades se tornam nossas crenças, a mente Dele se torna a nossa. Estamos então capacitados a funcionar como verdadeiros colaboradores com Deus, como irmãos, irmãs e amigos de Jesus no reino presente e futuro de Deus. E estamos em posição de entender como Deus fala com seus filhos."

Provérbios do Mercado

Pontos de Ação

1.—Além dos Provérbios de Salomão, quais outros livros bíblicos você precisa estar mais sintonizado ou alinhado para ajudar a crescer espiritualmente, profissionalmente e pessoalmente?

_____
_____
_____
_____
_____
_____

2.—Onde sua sutil rebeldia em viver com retidão precisa ser exposta?

_____
_____
_____
_____
_____
_____

3.—Em quais áreas você precisa de discipulado para viver e conduzir seus negócios de acordo com os Provérbios?

4.—Quais passagens de Provérbios você poderia meditar e estudar para ajudar a se equipar?

5.—Quando você começará a desenvolver o hábito de dedicar mais de 12 minutos diários à oração focada e ao estudo?

Comentários Finais

"Procure obter sabedoria e entendimento; não se esqueça das minhas palavras nem delas se afaste."
Provérbios 4:5 NIV

"Na mão direita, a sabedoria garante a você vida longa; na mão esquerda, riquezas e honra."
Provérbios 3:16 NIV

Implicamos, e até encorajamo, nossos leitores a usarem o livro de Provérbios para servir seus clientes de uma maneira mais significativa do que esperariam em troca. Todos que encontramos são, de alguma forma, clientes atuais ou potenciais. A descrição de um cliente vai além de uma transação financeira. Todos são nossos clientes, e também somos clientes deles. É um conceito bidirecional. Estudar e aplicar os ensinamentos de Provérbios é, em nossa opinião, a melhor maneira de ganhar sabedoria sobre como servir nossos clientes.

Em seu livro "31 Chaves para um Novo Começo", Mike Murdock afirma: "Sabedoria é simplesmente fazer o que Deus faria em uma situação específica. Jesus se tornou para nós a Sabedoria de Deus. O que quer que você enfrente hoje, faça o que você sabe que Jesus faria. Jesus disse que você recebeu dois dons de Deus: (1) sua boca e (2) a Sua Sabedoria. Coisas inesperadas podem acontecer hoje. Não se preocupe. O Espírito Santo em você se elevará à ocasião e falará por você. Relaxe. Alguém maior que você está dentro de você. Dependa Dele."

O que o Sr. Murdock escreve é válido e relevante no mercado.

É importante ler a palavra de Deus diariamente para desenvolver uma mentalidade ou uma visão bíblica em relação às atividades no mercado e buscar constantemente Sua sabedoria, em vez dos ensinamentos de vários 'especialistas ou gurus' de vendas e marketing.

Provérbios do Mercado

Lembramos deste versículo:

"Cada um, porém, é tentado pelo próprio mau desejo, sendo por este arrastado e seduzido. Então esse desejo, tendo concebido, dá à luz o pecado, e o pecado, após ser consumado, gera a morte."
Tiago 1:14-15 NIV

Nossa interpretação desta escritura sobre servir no mercado é um lembrete poderoso de que podemos perder o foco em Deus ao ler material 'mundano' ou 'seguir' pessoas bem-sucedidas em suas áreas. Ao dizer 'seguir,' não queremos dizer adoração literal, mas sim ler seus escritos mais do que lemos os de Deus. Sim, percebemos que talvez estejamos exagerando para enfatizar o ponto, mas pense nisso, e somos tão culpados quanto qualquer outra pessoa. Ernie costumava 'seguir' gurus de vendas como Zig Ziglar, Brian Tracy, Jeffrey Gitomer e Chet Holmes. Daniel Pink e Og Mandino são alguns dos muitos professores que falavam sobre formas de fechar uma venda. Ernie era um cliente muito valorizado da Nightingale-Conant nos anos 1970, pois comprava fitas cassete mensais.

Provérbios do Mercado

Há caminho que parece certo ao homem, mas no final conduz à morte.
Provérbios 14:12 NIV

Por favor, não entenda mal o ponto que estamos tentando enfatizar. SIM, precisamos ler e estudar materiais educacionais e práticos; no entanto, quando esse material se torna um deus ou ídolo, estamos nos movendo na direção sobre a qual Tiago 1:14-15 fala. À medida que envelhecemos, ficamos mais convencidos a cada dia de que a Bíblia é o melhor manual de negócios já escrito. Em outras palavras:

"Parem de lutar! Saibam que eu sou Deus! Serei exaltado entre as nações, serei exaltado na terra."
Salmos 46:10 NIV

Acalme-se, busque a instrução DELE através da palavra DELE.

"Cínicos podem afirmar que algumas pessoas são tão focadas no céu que acabam não sendo úteis na terra. A Bíblia diz o contrário. Crentes que fixam sua visão nas realidades do Céu podem ser as pessoas mais valiosas do planeta, falando eternamente, porque sua prioridade é garantir que o máximo de pessoas possível se junte a eles na vida futura."—Greg Laurie em uma postagem no X.

www.ingramcontent.com/pod-product-compliance
Lightning Source LLC
Chambersburg PA
CBHW052258220526
45471CB00001B/390